척추를 곧게 세우고

척추를 곧게 세우고

Straighten Your Spine

혼들리는 마음을
단단히 세우는
요가 너머의 이야기

김소망
지음

차례

1부
호흡 : 체력기르기

내 삶에 요가	13
숨이 차던 것들도	19
불안할 때 몸이 주는 신호, 한숨	22
쉼표가 표시된 곳에서 숨을 마신다	27
빈야사를 따라오기 힘든 이유	31
하타요가, 한 호흡에 1cm씩	37
우짜이 호흡의 힘	42
반복된 하루를 살아내는 힘, 체력	46
마음이 흔들리지 않게 하는 비결 : 프라나야마 호흡	52
호흡이 전부다	58

2부
근육 : 에너지 방향

탄력 있는 몸을 만드는 법	67
몸을 제대로 사용하기 위한 집중의 기술	71
길항작용 : 균형을 맞춰가는 여정	77
한쪽으로 치우치지 않기	81
숨어있는 힘 사용하기 : 작용-반작용	86
관계에도 탄력성	91
나도 모르는 무한한 세계를 끌어안기, 나마스떼	96
귀와 어깨는 멀어지게	101

3부
감정의 선택 : 머물 것인가, 나갈 것인가

여유로운 아침의 비밀	109
나를 행복하게 했던 바람	114
불안함을 불안해하다	118
움츠린 어깨를 내리고	123
내가 요가를 하는 이유	128
스트레스는 스트레칭으로	133
내려놓을수록 찾아오는 비밀 : 비달라아사나	138
서로 다른 시선, 같은 요가	143
요가가 가르쳐주는 가장 짧고도 중요한 메세지	149
인생은 마라톤이다	156

4부
무게중심 : 낯선 것으로부터 중심잡기

20분의 물구나무, 나를 바로 세우는 시간	165
부정적인 생각에서 벗어나는 실질적인 5가지 방법	168
나만의 시계를 차고 살아가기	176
사소한 걱정에서 벗어나기	180
플라잉 요가가 주는 새로운 능력	185
색과 행복, 그리고 요가에서 찾은 즐거움	191

5부
균형 : 인생을 바꾸는 시간

이기는 것보다 즐기자	199
속도의 유혹을 넘어서기 : 파스치모타나사나	203
그래, 그럴 수 있지 : 유연한 사고 기르기	208
호불호 강한 요가, 플라잉 요가	214
영광의 상처가 필수일까	219
가장 아래에 있는 나 인식하기	224
동작을 완성한다는 의미	230
요가에 반복이 필요한 이유	236
척추를 깨우는 6가지 방향	241

"
욕심이 사라졌다. 하고 싶은 것도 많고,
이루고 싶은 것도 많던 내가 요가를 하면서
욕심이 점점 사라짐을 느낀다.
그리고 욕심이 사라진 자리에는
진짜 욕심을 내야 할 것이 무엇인지가 보이기 시작했다.
그것은 바로 호흡이다.
"

1부   호흡 :
                                                                   체력기르기

내 삶에
요가

요가를 하고나서 삶이 단순해졌다. 정확히 말하면 욕심이 사라졌다. 하고 싶은 것도 많고, 이루고 싶은 것도 많던 내가 요가를 하면서 욕심이 점점 사라짐을 느낀다. 그리고 욕심이 사라진 자리에는 진짜 욕심을 내야 할 것이 무엇인지가 보이기 시작했다. 그것은 바로 호흡이다.

이전의 나는 세상에 내 존재를 증명하기 위해 더 많은 것을 이루고, 더 많은 것을 소유하려 애썼다. 외부의 인정과 물질적 성공이 내 가치를 증명해주는 것이라 믿었기 때문이다. 그러나 요가를 통해 그 믿음이 완전히 뒤바뀌었다. 이제 그 모든 것을 내려놓고, 진짜 나를 증명해주는 것에 집중하게 되었다. 그것은 바로 숨(breath)이다. 숨이야말로 내가 살아 있음을 증명해주는 존재의 근원이기 때문이다. 매일 매순간 현재하고 있는 호흡의 리듬과 속도, 깊이 등을 관찰하며 호흡을 잘 유지하려 노력한다.

누군가 내게 인생에서 가장 잘하고 싶은 것은 무엇인지 묻는다면 당연 호흡이라고 말할 것이다. 숨을 잘 마시고, 잘 내쉬어 주는 것이 삶에서 매우 중요하기 때문이다.

한 생명체의 살아있음을 증명할 수 있는 것은 호흡의 유무이다. 생명체에게 숨이 존재한다면 살아있다는 뜻이며, 반대로 숨이 끊어지면 그 생명체는 생명력을 잃어 결국 소멸된다는 의미이다. 그렇기에 호흡은 곧 생명과 같다. 우리에게 생명력을 주는 숨은 어쩌면 그 어떠한 인간활동보다 가장 중요한 것이 아닐까 싶다.

호흡은 우리가 특별히 생각하지 않아도 자연스럽게 일어나는 생명 활동이라, 매순간 호흡을 의식하기는 어렵다. 하지만 요가에서는 무의식적으로 하는 호흡에 주의를 기울여, 호흡을 더 잘 느낄 수 있도록 도와주며 그 순간에 집중할 수 있게 해준다. 호흡에 집중하는 훈련을 통해, 나는 과거나 미래에 대한 생각보다 현재의 순간에 더 집중할 수 있게 되었다.

우리 모두 지금 이 순간을 살고 있지만, 사실 우리의 마음이나 생각은 과거나 미래에 머물러 있을 때가 많다. 소중한 가족과 함께 '현재'라는 시간을 보내면서 머리 속에는 어제 치른 자격증 시험을 계속 떠올린다던지, 내일 해야 할 회사업무를 미리 신경 쓰는 등 제대로 현재에 집중하지 못하는 것처럼 말이다.

현재라는 시간과 공간에 집중하지 않고 마음이나 생각이 다른 곳에 가 있으면, 현재에 존재하는 나의 모든 행동은 활력이 없고 진정성이 없게 느껴진다.

회사에서 5년차가 되던 즈음 권태기가 극심하게 찾아왔다. 단순히 일이 많아서, 혹은 일이 하기 싫어서 생긴 무기력함이 아니었다. 나는 항상 스스로 일을 주도하고 능동적으로 참여하는 쪽을 선호했지만, 회사의 보수적인 근무환경과 비효율적인 업무 시스템은 나를 점점 지치게 만들었다. 그로 인해 스트레스를 받으며 권태기가 찾아왔지만, 나는 미래를 위해 돈을 많이 모으자는 목표에만 집중하며 현재의 나를 돌볼 여유가 없었다. 그저 참고 버티다 보니 결국 스트레스는 몸에 나타나기 시작했다.

그러던 어느 날, 화장실 거울 속 내 얼굴을 자세히 들여다보았다. 예전처럼 에너지가 넘치고 환한 얼굴이 아니라, 무채색의 피부톤과 수심이 가득 묻어 있는 얼굴이었다. 생기가 사라져 있었고, 피부는 열이 제대로 배출되지 않아 여드름도 여기저기 있었다. 그제야 내가 지금 어떤 상태에 있는지를 인식했다. 정신이 번쩍 들며 다짐했다.

"지금 이 순간을 제대로 살자. 현재를, 나로서 제대로 살자."

우리는 오직 지금 이 순간만을 경험할 수 있기 때문에, 현재에 집중함으로써 더 진지하고 의미있는 삶을 살수 있다. 즉 과거와 미래가 아닌 현재를 살아가는 것이 우리의 삶을 더욱 풍요롭고 만족스럽게 만들어준다. 현재를 제대로 살아갈 때 삶에 대한 자신감을 얻으며, 일상에서의 작은 행복을 더 잘 느낄 수 있다.

나는 요가를 통해 그리고 무엇보다 호흡을 통해 지금 이 순간을 온전히 살아가고, 현재의 삶에 몰입해간다.

호흡을 들여다보는 그 시간이 단순히 '숨을 잘 쉬는 것'이 아니라, 내겐 어느새 즐겁고 힐링되는 시간으로 자리잡았다. 호흡을 따라가며 시시각각 변하는 내 상태를 알아차리고, 침착하게 나 자신을 바라보는 과정은 단순한 연습을 넘어 새로운 나를 만나게 해주는 여정이었다.

인생을 살다 보면 누구나 '나는 누구인가', '나는 어떤 사람인가'를 존재론적으로 고민하게 되는 시기를 맞는다. 그런 시기에 나를 알아가는 수련에서, 가장 먼저 그리고 가장 기본적으로 들여다보아야 할 것은 바로 나의 호흡이다.

호흡은 감정과 깊은 연관이 있다. 우리가 경험하는 감정은 자연스럽게 호흡의 패턴에 영향을 미친다. 예를 들어, 화가 날때 호흡은 빨라지며 강해진다. 숨의 흐름이 격해지면서 콧구멍이 커지고 숨소리도 요란해진다. 반면, 평온함을 느낄 때 호흡은 깊고 고르게 변한다. 숨소리도 차분하다. 요가 수련을 할 때도 매트 위에서 생각과 감정에 따라 호흡이 끊임없이 변화한다. 호흡이 느려지기도 하고 빨라지기도 하며 그 모양도 달라진다.

호흡은 몸의 상태에 따라서도 달라진다. 아침에 일어날 때의 호흡과 저녁에 잠자리에 들 때의 호흡은 확연히 다르다. 아침에는 잠에서 깨어나면서 호흡이 비교적 가볍고 빠르며, 하루를 시작하는 에너지로 가득 차 있는 경우가 많다. 반면, 저녁이 되면 하루 동안 쌓인 피로와 스트레스가 호흡에 영향을 미쳐, 상대적으로 더 깊고 느린 호흡이 나타날 수 있다.

호흡에 맞춰 우리의 몸 상태가 변화하기도 한다. 긴장하거나 스트레스를 받을 때는 호흡이 얕고 빨라지며, 몸은 경직되거나 불안정한 상태가 되는 것이 대표적인 예이다. 반대로, 편안하고 안정된 상태에서는 호흡이 깊고 고르게 이루어지며, 몸도 이완되어 편안해진다. 호흡과 몸은 서로 밀접하게 연결되어 있어, 호흡의 변화는 곧바로 몸의 상태에 영향을 미치고, 그 반대도 마찬가지다.

한 번은 친구와 대화를 나누던 중, 갑자기 숨이 턱 막히는 듯한 느낌이 들었다. 무언가 답답하고 조급했다. 순간 내 호흡을 살펴보니, 들숨과 날숨의 간격이 지나치게 짧았고, 숨이 가슴 윗부분까지만 닿고 있었다. 말도 빨랐고, 턱과 어깨에 힘이 잔뜩 들어가 있었다. 말하는 데만 집중한 채, 내 몸의 상태를 완전히 놓치고 있었던 것이다.

나는 잠시 말을 멈추고 눈을 깜빡이며 깊게 숨을 들이마셨다. 그리고 천천히 내쉬었다. 빠르게 뛰던 심장 소리가 조금씩 잦아들고, 단단히 굳어 있던 턱과 어깨 근육이 서서히 풀려갔다. 가쁜 숨결 속에 갇혀 있던 감정들이 호흡과 함께 천천히 빠져나가는 것 같았다.

그제야 나는 내가 왜 그토록 숨이 가빴는지 알아차릴 수 있었다. 상대에게 내 말이 제대로 닿길 바라는 마음, 이해 받고 싶은 욕구, 그 조급함이 나도 모르게 온몸을 긴장시켰던 것이다.

　이처럼 호흡을 관찰하면, 단지 몸의 상태뿐 아니라 감정의 흐름까지도 선명하게 읽을 수 있다. 들숨과 날숨 사이, 그 짧은 틈에서 나의 욕망, 두려움, 긴장, 그리고 진심이 고스란히 드러난다.

　요가에서의 호흡은 단순히 몸에 필요한 산소를 들이마시고 이산화탄소를 뱉어내는 과정 그 이상의 의미가 있다. 요가를 통해 호흡과 나를 일치시키는 과정의 훈련을 하면서 묵묵히 현재를 살아가는 법을 배워보자. 단순히 근육이 건강해지는 것 이상의 유익을 얻고 있는 것이 분명하다.

숨이
차던 것들도

숨이 차서 벗어나고 싶은 순간을 마주할 때가 있다.

물에서 잠수하거나 마라톤 할 때, 밀폐된 공간에서 호흡할 때 등, 외부환경으로 인해 숨이 차는 경우도 있지만, 어쩌면 우리의 내면에서 거부하는 것들로 숨이 차는 경우도 있다. 만나기 싫은 사람을 만나야 할 때, 피하고 싶은 상황을 맞닥뜨릴 때, 무언가에 대해 걱정이나 분노, 답답함을 느낄 때처럼 말이다.

요가를 할 때도 숨이 차오르는 순간이 있다. 하타요가를 수련할 때는 상체를 뒤로 젖히는 후굴(Back-bending) 동작들을 많이 접하게 된다. 등허리를 강화시키고 상체를 유연하게 하는 좋은 자세다. 굽은 등과 말린 어깨의 몸의 형태로 장시간 굳은 경우 가슴열어 상체를 뒤로 젖히는 자세가 매우 쉽지 않다. 평소 익숙하게 만든 자세, 습관적인 자세와는 다른 낯선 자세들을 만들

때 몸은 긴장하며 반응한다. 호흡도 불규칙해진다.

어떤 자세를 취할 때 중심이 흔들려 뒤로 넘어질까 두려움을 느끼기도 한다. 사람은 두려움을 느끼면 뇌의 자율신경계가 자극되어 혈관이 수축되고 먹박과 호흡은 빨라진다. 때론 공포감에 숨이 막히기도 한다.

이렇듯 자세가 익숙치 않거나 순간적으로 두려움을 느낄 때 호흡의 리듬이 무너지면서 숨이 차올라 결국 동작을 유지하기가 어렵다. 물론 후굴동작을 하기 위해 필요한 근육들이 더 발달되어야 자세가 만들어지는 경우도 있지만, 충분한 근력과 유연성을 가졌음에도 자세를 만들어가는 과정에서 호흡이 무너져 급하게 자세에서 빠져나오는 경우가 더 일반적이다.

○●
코호흡에서 배우는 것

요가를 하면 할수록 동작을 만들어 가는 힘이 근육의 발달보다는 내면에서 만드는 인나력에서 나옴을 깨달아간다. 인내하는 힘은 그 벅찬 상황을 여유롭게 바라보는 힘인데 그 힘은 호흡에서 나온다. 숨이 차오를 때 차오르는 그 순간을 인지하여 더 깊은 호흡을 해야 한다. 특히 코로 하는 호흡은 심폐지구력과 매우 밀접한 관계가 있는데 체내 산소를 활용하는 효율성이 높아지면서 일정한 심박수를 유지하게 해주고 운동수행능력을 회복시킨다.

요가수업 때 숨이 차서 입으로 호흡하는 회원들이 종종 있다. 입으로 호흡하는 건 나쁜 것일까? 입호흡 자체가 나쁘다고 볼 순 없지만 몸의 안 좋은 변화를 가져온다. 입안이 건조해지면서 구취를 유발하거나 치아의 변색을 만들어낸다. 또한 정화되지 않은 공기가 폐로 바로 들어가게 되면서 감기나 천식을 유발할 수도 있다. 심지어 짧은 호흡을 유발하여 흉곽구조가 커지거나 어깨높이가 올라가면서 어깨통증까지 만들어낸다.

쉽게 비유하자면 코호흡은 목 마를 때 물을 마시는 것과 비슷하며, 입호흡은 콜라를 마시는것과 비슷하다. 콜라는 순간의 갈증을 채워주지만 시간이 지나면 더 큰 갈증을 불러일으킨다. 입호흡도 마찬가지로 숨이 차오를 때, 순간적으로 우리 몸에 깊은 숨을 채워주겠지만, 호흡이 안정되기까지는 시간이 꽤 걸린다.

입으로 하는 호흡도 있긴 하다. 그런 경우는 물에서 잠수하거나 심폐소생술과 같은 특수한 상황일 때다. 보통의 경우 코로 호흡하는 것을 추천한다. 코는 본래 숨을 쉬는 기관으로 발달해 공기를 정화하고, 공기가 지나가는 기도의 습도를 높여주는 기능을 하여 기관지가 자극을 받지 않고 편하게 숨을 쉴 수 있게 해준다. 편안한 호흡은 규칙적이고 안정적이다. 규칙적이고 안정적인 호흡을 통해 동작을 만들어가는 능력이 향상되어 신체의 잠재력을 키워가는 것이다.

불안할 때 몸이 주는 신호, 한숨

 이탈리아 베네치아에 '탄식의 다리'라 불리는 다리가 있다. 17세기 당시 총독부가 있었던 두칼레 궁전과 프리지오니 누오베 감옥을 연결했던 다리다. 두칼레 궁전에서 재판을 받고 나온 죄수들이 이 다리를 건너면서 한숨을 내쉬었다고 해 '탄식의 다리' 또는 '한숨의 다리'라 이름이 붙여졌다고 한다. 얼마나 한숨을 많이 쉬었으면 이름까지 명명하였을까 싶다.
 프랑스의 인상파 화가 끌로드 모네는 베네치아를 보고 이렇게 말한다.
 "그림으로 표현하기에는 이 도시는 너무 아름답다."
 물 위에 떠있는 듯한 도시, 베네치아를 그림으로 표현하기에 아쉬운 너무나 아름다운 풍경일테다. 죄수들의 한숨은 아름다움을 다시는 못 볼것이라는 슬픔일 수도 있고 죄값을 치뤄야하는 현실에서 할 수 있는 것이 아무것도 없는 답답함일 수도 있다. 한숨을 쉰다는 것은 17세기 이탈리아 죄수들뿐만 아니라 우리 모두의 일상에서 흔히 보여지는 호흡의 모습이기도 하다.

최근 수업하고 있는 요가센터에 숨소리를 유난히 크게 내시는 한 회원이 등록하셨다. 20명 남짓 들어가는 요가실을 채우는 그녀의 한숨소리는 마치 자신의 존재감을 드러내는 듯 주위를 압도했다. 한두 번이면 상관없으나, 매번 오실 때마다 시도때도 없이 깊은 한숨을 내셨다. '저분의 한숨이 다른 분들에게 방해되지 않을까?', '내 수업이 마음에 안 드시는 걸까?' 하고 그분을 볼 때마다 다양한 생각들이 꼬리를 이어가곤 했다.

한숨은 소리를 내어 세게 날숨을 쉬는 것인데 체내에 이산화탄소가 축적되어 빠르게 배출을 해야 할 때 보통 한숨을 쉰다. 수업할 때 강사들이 보통 언제 숨을 들이 마시며, 숨을 내뱉어야 하는지 계속해서 수강생들에게 알려주고, 수강생 스스로도 운동을 하는 내내 호흡을 신경을 쓸 수밖에 없다 보니 이산화탄소가 날숨을 통해 꾸준히 배출된다. 사실상 한숨을 쉴 겨를이 없다는 뜻이다. 하지만 내쉬는 숨에도 온전히 배출이 되지 않는다는 것은 체내에 쌓인 이산화탄소의 양이 많다는 뜻이다. 단순 동적(운동)에너지를 쓰면서 만들어진 이산화탄소뿐만 아니라 다른 에너지를 쓰고 있다는 증거이기도 하다. 예를 들면 생각 에너지 같은 것 말이다.

한숨을 쉴 때 우리는 보통 긍정적이기보다 부정적인 느낌이든다. 옆에 친구가 한숨을 쉬었을 때 친구의 상태가 편안해 보이기보다 현재 스트레스를 받고 있거나 무슨 고민이 있다고 생각하는 것이 일반적이다. 숨을 쉰다는 것은 마음이 불안하거나 스트레스를 받고 있다는 뜻이다.

수업내내, 동작을 한 박자 느리게 따라오시던 그녀의 머릿속이 궁금해졌다. 운동하러 온 이 시간이 그녀에게 조금이나마 힐링이 되었으면 하는 마음에 그분의 동작을 잡아드리면서 "회원님~ 괜찮으시죠? 예쁜 얼굴 미간 펴 주셔요~"라는 말과 함께 따뜻한 온기를 전해주었고 그녀는 곧 미소를 지었다. 그 뒤로 평온해진 그녀의 호흡을 보면서 내가 하는 요가 코칭에 대한 책임감이 커졌다.

한숨을 내쉴 때는 현재 나의 호흡이 불규칙하다는 사실을 인지해야 한다. 그런데 보통의 경우는 숨을 참고 있거나 호흡이 짧다는 사실조차 인지하지 못하는 경우가 많다.

나도 회사를 다닐 당시 근무시간에 한숨을 많이 내쉬었다. 아니 내쉬었다기 보다 한숨을 터뜨렸다는 표현이 맞겠다. 증권회사다보니 장이 마감되는 시간에 맞춰 꼭 처리해야할 일들이 있었고, 시간내에 신속하게 처리하려고 스스로를 압박해왔다. 늘 심장이 쪼여 피가 말리는 상태였다. 그 긴장속에서 숨을 참느라 이산화탄소의 배출이 시급해 빠르고 강한 한숨을 내뱉기 일쑤였다.

내가 한숨을 자주 뱉고 있다고 스스로 인지하기까지는 그로

부터 2년뒤 퇴사할 때쯤 요가를 취미로 시작하고 나서였다. 요가수업에서 호흡을 바라보는 명상시간을 통해 평소에 내가 어떤 호흡을 하고 있는지 관찰하면서 평소의 호흡상태를 인식하게 되었다. 이후로는 근무시간에 속이 답답해지며 한숨을 뱉는 순간이 찾아오면 바로 알아차려 현재의 호흡상태를 살펴보았고, 깊은 심호흡으로 나의 호흡을 잡아갔다.

한숨이 나는 현재의 상황을 인지하는 것이 중요하다. 그러면 지금의 나의 상태를 더 관찰할 수 있게 되면서 이전보다 더 편안한 호흡을 만들 수 있다. 그 편안한 호흡은 곧 편안한 마음상태를 가지도록 도와준다.

나는 요가강사로서 요가를 코칭할 때도 회원들의 동작 하나하나가 바뀔 때마다 호흡이 어떻게 변하는지 항상 인지하도록 도와드린다. 숨이 찰 수밖에 없는 물리적인 움직임이나 환경뿐만 아니라, 내면에서의 어떠한 고민과 생각이 한숨을 쉬게 만들고 있다면 그것까지도 알아차리는 것이다. 삶에서 마주하는 다양한 외부와 내부상황에서 나의 호흡이 어떠한지 보는 인지습관을 기르다 보면 긴장되고 조급한 마음을 이완할 수 있다.

이유모를 답답함으로 숨이 탁 막히는 순간이 찾아올 때면 두 눈을 감고 잠시 호흡을 느껴보자.

Amazing Grace
My Chains are Gone

Chris Tomlin

Noona 2015
arpiano@yahoo.com

쉼표가 표시된 곳에서
숨을 마신다

　어렸을 때부터 노래 부르는 것을 좋아했던 나는 현재 다니고 있는 교회 찬양팀에 보컬로 사역하고 있다. 7년이라는 적지 않은 기간 동안 매주 평균 3-4시간 노래를 부르다 보니 체계적으로 호흡하는 방법을 배우지 않았어도 언제 숨을 들이마셔야 하는지 자연스럽게 익히게 되었다. 물론, 개구리가 되기 전 올챙이 시절에는 목소리가 크면 클수록 또는 한 호흡으로 길게 부를수록 잘 부르는 줄 알았다. 한 숨에 많은 음을 내다보니 결국 숨이 차서 두통을 느끼기도 했다.
　악보를 보면 숨을 마실 수 있도록 표시해두는 쉼표들이 있다.

　위의 그림에서 네모박스로 표시된 쉼표가 있는 위치에 숨을 들이 마시면 된다. 그러다 보면 호흡을 잘 조절하면서 한 곡 부르기를 어렵지 않게 완성할 수 있다.

숨이 차지 않을 정도로 가사의 길이가 길지 않거나 또는 부르는 사람이 편히 소화할 수 있는 적당한 음높이들의 곡을 부를 때는 호흡의 중요성이 크지 느껴지지 않을 수 있다. 하지만 곡이 빠르거나 전반적으로 높은 음들이 많고 한 호흡에 두 마디절 이상을 끌어가야 할 긴 가사의 곡일 경우는 호흡이 매우 중요하다. 호흡이 무너지지않도톡 표시된 곳에 호흡을 해주는 것이 꼭 필요하다. 특히 언제 호흡해야할지 모를 때는 더더욱 말이다.

나도 초반에는 호흡 조절이 어려워 악보의 쉼표표시를 참고하면서 숨을 마시는 연습을 했다. 지금은 이전보다 편안하게 부른다. 이런 변화가 스스로도 체감이 가능할 정도로 폐활량이 늘었다. 긴 곡을 끌어가는 힘이 곧 호흡으로부터 나온다는 사실을 알고나서 곡을 부를 때 더 자유로웠다.

○●
요가에서의 호흡

요가 수업 때 제일 많이 말하는 문장은 '호흡하세요!', '천천히 숨쉬세요!', '호흡에 집중합니다.' 이다. 그만큼 요가할 때 호흡이 중요하다는 것을 알려드리고 싶은 맘에서랄까.

어느 평범한 월요일 아침이었다. 오전9시 플라잉 요가 수업의 난이도는 초급이었으나 수업에 참석한 수강생들은 오래 운동

해온 일명 '고수'들이 거의 주를 이뤘다. 여덟 명 정원에 무려 여섯 명이나 실력자들이었다. 수업에 참여한 초급 회원 두 명은 실력자들 사이에서 뒤처진다는 불안감에 시작부터 자신감을 잃은 모습이었고, 수업중간에는 자신의 몸상태를 고려하지 않은 채 무리하게 동작을 따라가려 했다. 나는 그분들께 '수업의 난이도는 초급입니다. 옆 사람과 비교하지 마시고 할 수 있는 만큼만 따라오세요' 라고 공지를 드렸다. 그럼에도 두분 중 한사람은 격한 호흡으로 동작을 따라가려 애를 쓰고 있었다. 나는 그녀에게 "잠시 멈추고 먼저 호흡을 살펴보세요."라고 권유했다. 그녀는 잠시 해먹으로부터 바닥으로 내려와 자신의 호흡을 다시 가다듬으려 했다. 곧이어 그녀의 숨소리는 차츰 부드러워졌다.

쉬운 동작이라도 호흡이 무너지면 체감상 어려운 동작이 된다. 호흡이 흐트러질 때는 더 완성된 동작을 하려고 시도하기보다 잠시 멈추어 호흡의 속도와 깊이를 점검해야 한다. 이것이 바로 쉼표의 시간이다. 그 순간을 지나야, 다시 천천히 전진할 수 있는 여유가 생긴다.

○●

삶에서도 호흡을 살피다

노래를 부를 때, 악보에 적힌 쉼표를 무시하고 계속 가사를 이어나가면 숨이 딸리기 마련이다. 음이 정확하지 않거나, 금방 지치는 이유도 거기에 있다. 그 작은 쉼표는, 노래를 완성하기 위해 꼭 필요한 순간이었음을 요가를 하면서 깨닫게 된다.

일상에서도 마찬가지로 호흡이 차오를 때가 있다. 그럴 때면 나도 모르게 더 깊이, 더 빨리 나아가려는 습관이 나오곤 한다. 그런데 그럴수록 동작이 흔들리고, 내 안의 여유가 사라지는 것을 느낀다. 왜 나는 그렇게 자꾸 더 빨리 가려고 했을까? 어쩌면 나의 마음이 조급해서, 멈추는 것을 두려워했던 게 아닐까 싶다.

우리가 살아가는 이 유한한 삶에 쉴 새없이 달리다 보면 아무리 뚜렷한 목표를 가지고 있다 하더라도 내가 인생에서 어떤 삶을 살고 싶은지 또는 어느 방향으로 나아가고 있는지 알기가 더 어려울 수 있다.

숨이 차오를 때 그 순간은 어쩌면 내 자신에게 쉼표가 필요함을 말하고 있는 순간일지도 모른다.

나는 지금도 잠시 멈추어 호흡을 고르는 연습을 하고 있다. '지금 내 호흡은 어떤가?' 하고 물어보는 그 순간, 나는 몸과 마음의 상태를 돌아보게 된다. 숨을 천천히 내쉬며, 다시 한 번 나의 균형을 찾아가는 과정 속에서, 비로소 내가 어디로 가고 있는지를 더 잘 볼 수 있게 된다.

빈야사를 따라오기 힘든 이유

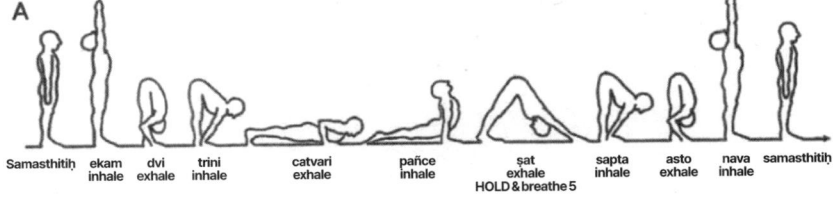

⇒ (참고) 수리야 나마스카라 A

❶ 타다아사나 (내쉬는 숨)
❷ 우르드바 하스타아사나 (마시는 숨)
❸ 웃타나아사나 (내쉬는 숨)
❹ 아르다 웃타나아사나 (마시는 숨)
❺ 차투랑가 단다아사나 (내쉬는 숨)
❻ 부장가아사나 (마시는 숨)
❼ 아도무카스바나아사나 (내쉬는 숨)

빈야사에서 호흡

빈야사 수업에서 태양경배자세라 불리는 수리야 나마스카라 A와 B 아사나를 기본으로 몸을 풀기 시작한다. 수리야 나마스카라는 들숨과 날숨을 일정한 속도로 들이마시고 내쉬며 동작을 물 흐르듯 연결한다. 몸 앞면을 활짝 열어내거나 팔을 들어올리는 상승 동작에서는 숨을 마신다. 반대로, 상체를 숙이거나 팔을 내리는 하강 동작에서는 숨을 내쉬게 된다. 이렇게 들숨과 날숨의 타이밍에 맞춰 동작도 상승과 하강이 끊임없이 부드럽게 이어진다

수리야 나마스카라 A와 B를 통해 몸을 푼 뒤, 난이도가 높은 동작들이 추가된다. 여기서 무리 없이 잘 따라오는 사람과 그렇지 못한 사람의 차이는 사실 호흡에서 나타난다. 심장박동이 빨라지면 들숨과 날숨의 리듬을 놓치기 쉽다. 몸에 힘이 들어가면 급하게 숨을 마시고, 숨을 참았다가 급하게 내쉬게 되는 경우가 많다. 이런 성급한 호흡 상태에서 동작을 무리하게 완성하려다 오히려 더 빨리 지치게 된다. 과호흡 상태일 때는 동작을 이어가기보다는 잠시 멈춰 호흡에 집중하는 것이 중요하다. 호흡의 자연스러운 흐름을 되찾으면, 동작도 한결 편안하게 이어갈 수 있다.

다른 곳이 아닌 지금에 집중하기

빈야사는 산스크리트어로 '흐르다'는 뜻을 가진다. 빈야사를 잘 하기 위해서는 말 그대로 그저 잘 흘러가면 된다. 물이 흐를 때 그 움직임이 끊김없이 흐르듯 동작과 동작 간의 연결도 계속 이어져 간다. 그리고 동작과 어우러지게 호흡도 잘 연결해주면서 빈야사를 수련한다.

인생은 시냇물을 타고 강물로 나아가 더 큰 바다로 향해 흘러가는 흐름과 같다. 당신이 그 흐름 속 어딘가에 있다고 상상해보자. 물의 흐름을 탈 때 그 흐름을 거스르거나 몸에 힘을 잔뜩 주기보다 자연스레 흐름을 받아들일 때 잘 흘러간다. 남들보다 더 빠르게 흘러가기 위해 안간힘을 쓰거나 더 멋져 보이는 자세로 헤엄쳐가는 것은 잘 흘러가는 일에 있어 그다지 중요하지 않다. 이렇듯 빈야사 요가를 할때도 남들보다 더 빠르고 멋지게 자세를 취하는 것은 빈야사흐름을 잘 따라가는 것과는 무관하다. 그저 현재 취하고 있는 자세와 호흡에 집중하며 동작과 동작사이를 잘 연결하고 호흡을 잘 이어주면 된다.

우리는 바로 지금 눈앞에 있는 것보다 멀리 다른 곳이나 동경하는 곳에 시선을 돌리곤 한다. 어쩌면 지금 상황에 머물며 안심하는 것이 두렵고 어렵게 느껴지기 때문이다. 시냇물에서 바다로 향할 때 먼 바다를 바라보며 '아, 저기로 가고 싶다' 바라며,

현재의 자신의 위치를 한탄하며 부정하기도 한다. 저 멀리 바다로 가는 가장 빠르고 안정적인 방법은 사실상 바로 눈앞에 지금, 현재에 집중해서 잘 나아가는 것이다. 그저 현재에 집중하여 물결을 따라 흘러가면 된다. 그러다 흐름속에서 바위나 나뭇가지 등 장애물들을 만날 때는 잘 피해가는 것이 그저 우리가 할 일이다.

빈야사를 할 때도 현재의 동작에 집중하기보다 그다음 동작을 먼저 생각하거나 남들에게 잘하려는 모습을 보이곤 하는 회원들이 있다. 이런 마음은 자연스럽게 비교와 조급함으로 이어진다.

"저 사람은 저렇게 잘하는데 나는 왜 안 될까?", "나만 왜 못 따라가는 것 같지?"

이런 생각이 떠오른 순간, 이미 시선은 나의 몸이 아니라 타인에게 가 있는 상태다. 마음이 다른 곳에 있으면, 수련에 집중하기 어려워지고 결국 지금 내가 무엇을 하고 있는지, 제대로 하고 있는지 알기 힘들어진다. 심지어 흐트러진 마음이 계속되면 요가를 하고 싶지 않게 되기도 한다.

요가 수련의 핵심은 끊임없이 움직이는 나의 몸과 호흡에 집중하는 것이다. '오늘 어깨의 상태는 이렇구나', '다리를 조금 더 뻗어볼까?', '숨을 깊게 마시며 가슴을 들어 올려보자' 처럼, 지금 이 순간 나의 몸이 어떤 상태인지, 그리고 그 안에서 호흡이 어떻게 흐르고 있는지를 바라보는 것이다.

그렇게 외부가 아닌 나 자신에게 시선을 돌릴 때, 비로소 몸은 고요하게 집중되며, 비교로 흐트러졌던 마음도 차츰 정돈된다.

흐름을 방해하는 장애물은 잘 발견해서 지나가도록 피해주면 된다. '언제 머리서기가 가능하지?', '난 결국 못해' 등 여러 판단이나 생각은 요가수련에 온전히 집중하지 못하도록 방해한다. 다시 말해, 여러가지 생각과 판단으로 스스로 한계를 만들고 있다면 그 생각이 잘 지나갈 수 있도록 지금 이 순간의 호흡과 동작에 집중하는 것이다. 호흡과 동작에 집중하면 동작의 연결성과 완성도가 향상될 뿐만 아니라, 그 동작을 지속할 수 있는 가능성도 발견하게 된다.

집중을 하느냐 안하느냐에 따라 결과물이 달라짐을 최근 요리를 하는 중에 깨달은 적이 있다. 한창 된장찌개를 좋아해서 매일 해먹곤 했는데 한 번은 시간이 없어 서둘러 나갈 준비를 하는 동시에 재료를 손질하며 급하게 찌개를 끓였다. 당연히 맛이 엉망이었다. 재료들이 제대로 조화를 이루지 못하고 간도 맞지 않았다. 그런데 그 전날에는 똑같은 재료를 사용했음에도, 여유 있게 요리에 집중하며 정성 들여 만들었기 때문에 훨씬 더 맛있었다.

결국 요리란 그 과정에 얼마나 집중하는지에 따라 결과가 달라진다. 요가도 마찬가지다. 동작을 정신없이 이어가기보다 잠시 멈추고 내 호흡에 집중하는 것이 더 중요하다. 호흡이 안정되면, 동작도 자연스럽게 이어지며 결과적으로 더 나은 수련을 경험할 수 있다.

호흡먼저 동작나중

  빈야사를 가르칠 때는 특히, 호흡이 흐트러진 회원들에게는 먼저 호흡을 고르게 하고 나서 동작을 이어가도록 한다. 호흡이 편안해지면, 동작도 자연스럽게 완성되기 때문이다. 호흡은 멀리 흩어져버린 시선을 다시 현재로 집중하게 해주어 지금 내 몸에 펼쳐지는 다양한 상황을 살펴보게 해준다.

  빈야사는 단순한 요가의 동작 연결이 아니라, 호흡과 동작이 하나로 이어지는 과정이다. 호흡이 일정한 리듬을 찾을 때, 비로소 동작도 안정적으로 이어진다. 호흡을 놓치면 동작도 불안정해지고, 몸은 더 빨리 지친다. 결국 빈야사 수업을 따라가기 힘든 가장 큰 이유는 바로 이 호흡의 흐름을 놓치는 것에 있다.

  호흡이 흐트러진 상태에서는 아무리 열심히 동작을 이어가도 금방 지칠 뿐이다. 결국 빈야사의 핵심은 호흡을 통해 내 몸을 조율하고, 그 흐름 속에서 동작을 자연스럽게 이어가는 것이다. 이런 비밀을 알게 된 사람에게 빈야사는 가장 재미있는 수업이 될 수 있다.

하타요가,
한 호흡에 1cm씩

하타요가는 다른 요가와 달리 한 자세를 오랫동안 유지하는 정적인 특징을 가지고 있다. 그래서 하타요가 수업 중에는 요가실 분위기가 대체로 차분하고 조용하다. 한 동작을 완성할 때까지 수시로 변하는 몸과 마음을 살펴보는 과정에 우리의 시선이 온전히 집중되기 때문이다. 그 자기 자신에게 몰입하는 모습은 이루 말할 수 없을 정도로 아름답고 고귀하다.

하타요가를 좋아하는 사람들이 모이면, 고요하고 깊이 있는 에너지가 요가실을 채운다. 그러나 정적인 것을 선호하지 않는 사람들에게 이 시간은 지루하거나 어렵게 느껴질 수 있다. 어떤 회원은 "계속 가만히 있는 게 너무 힘들어요. 하타요가는 저랑 안 맞나 봐요."라며 수련을 포기하기도 한다.

내가 좋아하는 음식은 쉽게 맛있다고 느끼지만, 입맛에 맞지 않는 음식은 아무리 훌륭한 요리라 해도 억지로 먹기 어렵다. 우리는 대개 익숙하거나 성향에 맞는 것에 편안함을 느끼고, 그렇지 않은 것에는 쉽게 불편함을 느낀다. 마치 대화를 할 때, 나와 생각이 비슷한 사람과는 즐겁지만, 그렇지 않으면 불편해지는 것처럼 말이다.

요가에는 정말 다양한 동작들이 있다. 그리고 좋아하는 자세도 저마다 다르다. 하타요가 수련 중, 자신이 좋아하는 자세를 할 때는 5분을 유지해도 체감상 금방 끝난다. 특히 몸이 풀리면서 시원하다고 느껴지는 자세는 더 오래 머물고 싶어진다. 그러나 요가 수업은 항상 내가 선호하는 동작만 하지는 않는다. 난이도가 있거나 익숙하지 않은 자세를 할 때는 자주 쓰지 않던 근육을 동원해야 하고, 호흡도 가빠지기 쉽다. 그럴 때 우리의 반응은 두 가지다. '이 동작은 나랑 안 맞아'라며 피하거나, '불편하지만 해보자'며 그 시간을 견디는 것이다.

하타요가가 내 인생에 주는 힘

회사에 다닐 때처럼 아침 루틴을 유지하려고 퇴사 후에도 집 근처 공원에서 조깅을 하곤 했다. 한 번은 지인들과 함께 뛰는데, 한 친구의 뛰는 모습이 무척 인상 깊었다. 마치 코뿔소 같았다.

'후… 헉…', '쿵쿵…'

숨소리와 발소리가 거칠고 커서 멀리서도 그가 다가오는 것이 느껴질 정도였다. 시작하자마자 전력질주하듯 뛰었지만, 채 1분도 되지 않아 숨이 가빠 멈춰 서곤 했다. 처음엔 힘차게 나아가는 듯 했지만 오래 달리지 못했다. 추진력은 있었지만 지구력이 부족했던 것이다.

무언가를 해낼 때 중요한 것은 초반의 강한 힘이 아니다. 꾸준히 반복하며 끝까지 이어가는 힘, 즉 지구력이야말로 진정한 성공의 열쇠다. 요가에서도 마찬가지다. 동작을 빠르게 시도하는 추진력만으로는 다양한 동작을 맛보기만 할뿐 깊은 수련으로 이어지기 어렵다. 하타요가에서 중요한 것은 바로 '지속 가능성'이다.

예를 들어, 한 동작을 5분간 유지해야 할 때, 그 자세를 안정적으로 유지하려면 호흡이 무엇보다 중요하다. 호흡이 흐트러지면 자세도 무너지기 때문이다. 하타요가는 오랜 시간 한 자세를 유지하면서 몸과 마음의 '호흡 지구력'을 길러주는 수련이다.

○●
꾸준한 반복의 힘

나 역시 하타요가를 통해 그 힘을 길러가고 있다. 자세를 급히 완성하려 하기보다는, 먼저 내 호흡 상태를 살피고 천천히 동작을 이어간다. 가끔은 어렵거나 낯선 자세에 조급해질 때도 있다.

그럴 때마다 '이건 나랑 안 맞아'라는 생각을 내려놓고, 불편함 그 자체를 있는 그대로 받아들여 보았다.

물구나무 연습을 할 때도 여러 번 넘어진 끝에, 포기하고 싶다는 생각을 수없이 했다. 하지만 매번 다시 일어섰고, 반복하면서 조금씩 몸이 달라지기 시작했다. 그렇게 시간과 반복이 쌓이며, 불가능해 보였던 자세조차도 차츰 익숙해졌다. 그 과정에서 몸뿐 아니라 마음의 인내력도 함께 자라났다.

우리는 시작할 때 누구나 열정을 가지고 있다. 하지만 중요한 건 그 열정을 어떻게 유지해 나가느냐는 것이다. 꾸준히 한 걸음씩 나아가는 힘이야말로 끝까지 도달하게 만든다.

○●

한 호흡에 1cm씩 : 작은 전진으로 꾸준히

하타요가 수련을 하다 보면, 몸의 움직임보다 더 중요한 것이 바로 '호흡'이라는 사실을 알게 된다. 많은 사람들이 자세를 빨리 완성하려 하지만, 진정한 완성은 호흡이 함께할 때 가능하다.

"내쉴 때 골반을 밀고, 마실 때 가슴을 열어주세요. 한 호흡에 1cm씩만 나아가세요."

회원들에게 자주 하는 말이다. 그렇게 호흡에 맞춰 천천히 움직였을 때, 동작은 더 깊고 안정적으로 완성된다.

'한 호흡에 1cm씩.' 나는 이 말을 자주 되새긴다. 머릿속에서는 더 빨리, 더 멀리 가야 한다고 나를 다그치지만, 몸은 그보다 훨씬 조심스럽고 섬세하다. 숨을 고르지 않고 달려온 시간들을 돌아보면, 속도보다 중요한 것은 그 과정에서 나 자신과 얼마나 연결되어 있었는지였다. 요가는 이렇게 말한다. 더디더라도 단단하게, 나의 속도로 나아가라고.

  빠르게 움직이는 것이 반드시 더 나은 것은 아니다. 한 호흡, 한 움직임마다 내 상태를 인식하며 나아갈 때, 우리는 더 깊은 집중과 여유를 갖게 된다. 하타요가는 단순한 자세 유지 그 이상의 수련이다. 그것은 꾸준함과 인내, 자기 인식의 힘을 길러주는 삶의 훈련이기도 하다. 나를 성장시키는 그 느린 반복 속에서, 나는 매번 새로운 나를 만나고 있다.

우짜이 호흡의
힘

어느 날 한 수강생이 내게 물었다. "선생님은 왜 그렇게 수업 때마다 호흡의 중요성을 강조하시나요?"

나는 잠시 생각에 잠겼다. 수업 내내, 한 동작을 완성하는 것보다 호흡을 잘 해주는 것이 더 중요함을 계속해서 강조했는데, 그 회원이 이에 대해 궁금증을 느낀 듯했다.

그녀는 힘든 동작을 할 때마다 '헉헉거리며' 호흡이 흐트러지는 모습을 많이 보였다. 숨을 가쁘게 몰아 쉬다 보니, 다른 회원들보다 동작을 오래 유지하기 어려워했고, 자신감마저 잃는 것 같아 보였다.

그런 그녀에게 더 자신감을 주기 위해서라도 이 질문에 제대로 답해주고 싶었다.

"동작을 오래 유지하기 위해서예요."

이렇게 답하자, 그녀는 단번에 이해한 듯 미소를 지었다.

○●
호흡이 중요한 이유

일상생활에서 우리는 특별히 의식하지 않아도 숨을 들이마시고 내쉬며 자연스럽게 호흡을 이어간다. 그러다 종종 숨이 차오르는 순간을 맞으면, 그제서야 호흡에 집중하게 되어 깊게 숨을 들이마시고 내쉬며 다시 차분한 호흡으로 돌아간다. 마치 자율주행 자동차가 때때로 수동 운전이 필요할 때 운전자가 직접 핸들을 잡는 것처럼, 평소에는 신경 쓰지 않아도 호흡이 편안하게 이어지다가도, 때로는 내 호흡 상태를 인식하고 조절해줘야 할 때가 있다.

요가를 시작했던 어느 여름, 체력을 키우기 위해 남산 둘레길을 5km씩 뛰곤 했었다. 둘레길은 평지보다 오르막과 내리막이 많아 호흡도 그에 따라 달라졌다. 내리막길에서는 비교적 숨쉬기가 편안했지만, 경사가 급한 오르막길을 오를 때면 숨이 턱턱 막히곤 했다. 이때 나의 호흡 상태를 잘 조절하면 끝까지 올라갈 수 있었지만, 그렇지 않으면 중간에 숨이 막혀 더는 나아가지 못했다.

오르막을 오를 때 더 많은 산소가 필요하듯, 요가에서 강도 높은 동작을 취할 때도 근육에 산소가 많이 필요하다. 하지만 동작을 하다 보면 몸에 힘이 들어가면서 자연스럽게 호흡이 멈추거나 불규칙해지기 쉽다. 이렇게 되면 우리 몸은 필요한 산소를 충분히 공급받지 못하게 되고, 결국 동작을 더 이상 유지하지 못하고 흐트러지게 된다. 그래서 요가에서는 몸의 움직임에 맞춰 호흡을 지속적으로 알아차리며, 끊임없이 변하는 몸과 마음의 상태를 관찰하는 것이 매우 중요하다.

우짜이 호흡

대부분의 일반사람들은 자신의 호흡상태가 어떠한지, 그리고 호흡이 요가 수련에 어떤 영향을 끼치고 있는지 잘 알아차리지 못한다. 수업이 끝나고 나면 어떤 동작을 성공했고, 실패했는지에 관심이 있을 뿐, 그때 당시의 호흡은 어떠했는지 잘 모른다.

호흡과 동작은 밀접하게 연결되어 있으며, 요가 동작에만 집중하다 보면 호흡을 놓치기 쉽다. 매 순간 호흡에 집중하는 것은 쉬운 일이 아니다. 하지만 호흡을 더 섬세하게 조절해야 할 때, 요가식 호흡법, 특히 우짜이 호흡(Ujjayi Breathing)으로 현재 호흡 상태를 가장 먼저 확인한다.

우짜이 호흡은 숨을 마실 때 배가 먼저 부풀고, 그 다음 가슴이 확장되면서 상체 전체로 깊게 호흡을 들이마신다. 숨을 내쉴 때는 배를 수축하며 공기를 완전히 내보내는 방식이다. 복식호흡과 흉식호흡을 결합한, 몸통 전체를 활용하는 호흡법이기에 '완전 호흡'이라고도 불린다.

　우짜이 호흡의 독특한 점은 코로만 숨을 들이마시고 내쉬며, 성대를 조여 숨이 지나가는 길을 좁게 만들어 마찰음을 발생시키는 것이다. 이 마찰음이 호흡의 흐름을 계속해서 인식하게 도와준다. 또한, 마찰로 생긴 열이 체온을 올려주어 몸을 더 부드럽게 만들어주고, 한층 편안하고 활력이 흐르는 에너지가 몸 안 가득 돌게 해준다. 나는 수업 중에 동작을 시연하며 동시에 말로 동작에 대해 설명할 때가 많다. 동작을 하면서 말을 하다 보면 숨이 가빠질 때가 있다. 그럴 때 우짜이 호흡을 한다. 눈을 감고 현재 숨쉬기에 주체자가 된다. 짧아진 숨을 천천히 고르고 깊게 들이마신다. 들숨과 날숨을 반복해서 내뱉고, 그 숨에 온 의식을 집중한다. 그러다 보면 긴장이 서서히 풀리며, 다시 힘을 낼 수 있는 새로운 에너지가 채워진다.

　요가뿐만 아니라, 일상에서도 오랫동안 무언가를 견뎌내야 하는 순간들이 있다.

　시험 준비나 업무 과중, 혹은 하기 싫은 일을 해야 할 때처럼 말이다. 그런 순간에 긴장하고 있음을 알아차리고, 호흡이 마음과 몸에 어떤 영향을 주는지 관찰해보자. 단순히 숨을 마시고 내쉬는 것에만 집중해도 마음과 몸이 달라지며 의식과 에너지가 확장 되어감을 느끼게 된다.

반복된 일상을 살아내는 힘,
체력

요즘 요가 센터에서 엄마와 딸이 함께 수련하는 모습을 자주 본다. 어떤 모녀는 서로의 동작을 체크해주고, 수업이 끝난 후에도 피드백을 나누는 모습이 참 보기 좋다. 우리 부모님 세대는 먹고 살기에 바빠 자식과 함께 무언가를 배우는 경험이 흔치 않았기에, 그런 모습을 볼 때마다 신기하고 부럽기도 하다. 그래서 모녀에게 다가가 부러움을 표현하면, 열의 아홉은 "아우, 제 딸이 하도 저질 체력에 몸도 뻣뻣한데 혼자는 건강관리를 못해서 어쩔 수 없이 같이 시작했어요."라며 웃음 섞인 답을 하곤 한다.

생각해보면 우리 어머니도 비슷했다. 내가 체력이 약해졌을 때, 매일 아침 홍삼과 같은 건강 보조식품을 챙겨주시고, AAA급 한우를 사다 구워주셨던 기억이 난다. 이제는 내가 성인이 되어, 스스로 체력의 한계를 느끼고, 건강을 챙기기 위해 보조제도 사먹고 운동시설을 등록하며 체력을 기르고 있지만, 몸이 피곤할 때면 엄마의 손길이 그립기도 하다.

체력이 필요할 때

  평소에는 수월했던 일들이 갑자기 버겁게 느껴지고, 꾸준히 잘 해오던 것들이 부담스러워질 때, 나는 체력의 한계에 다다랐음을 알게 된다.

  바쁜 하루를 보내다 보면, 일상을 차분히 돌아보고 생각을 정리할 시간이 부족할 때가 많다. 스스로 모든 걸 척척 해내는 '원더우먼'이라고 착각했던 걸까. 누구도 강요하지 않은 책임감에 스스로를 몰아붙이며, 모터처럼 돌아가는 일상에 나를 밀어 넣는다. 예전에는 자기 전, 방을 깨끗하게 정리하고 잠자리에 들었지만, 요즘은 지친 몸과 마음으로 그냥 입던 옷 그대로 침대에 누워 녹초가 되어 잠이 들기도 한다. 그리고 다음날 아침, 물로도 씻을 수 없는 퀭한 얼굴로 또 일상을 바쁘게 살아간다.

  체력이 부족하면, 평소 흥미를 느끼던 것들조차 즐길 수 없다. 치킨을 좋아하는 사람도 피곤할 때는 눈앞에 치킨이 있어도 입에 제대로 넣을 수 없고, 좋아하는 가수의 노래도 피곤한 날에는 귀에 소음처럼 들린다. 평소 즐겨 보던 책이나 영화도 피곤하면 지루해지고 졸음이 쏟아진다.

이렇듯 체력이 고갈된 상태에서는 일상의 균형을 유지하며 건강하게 살아가기가 쉽지 않다. 체력이 있어야 몸과 마음의 여유를 가질 수 있고, 그 여유가 다시 체력을 길러준다. 그 선순환을 위해서는 나를 돌아보고, 나에게 집중하는 시간이 필요하다.

요가로 체력 기르기

체력을 건강하게 기르는 데 요가만큼 좋은 것이 있을까 싶다. 나는 요가를 통해 몸과 마음의 힘을 키우며, 긍정적인 변화를 몸소 체험했다. 요가 매트 위에서 호흡을 살피고, 스트레칭으로 몸을 풀며, 심장의 기능을 높여주는 유산소 운동과 근력 운동까지 할 수 있다. 요가는 그야말로 일석사조인 셈이다.

체력을 기르기 위해서는 심장과 폐의 기능이 튼튼해야 한다. 그리고 이 두 가지는 호흡을 통해 강화된다. 요가 수업에서는 호흡을 살피는 시간이 많다. 본격적인 수업에 앞서 호흡 명상으로 시작하고, 수업이 끝날 때는 사바사나로 호흡을 정리하는 시간을 갖는다.

이 시간에는 오로지 나의 호흡에 집중하며, 호흡 상태를 있는 그대로 바라본다. 수업 중간에도 언제 숨을 마시고 내쉬어야 하는지 가르쳐 주어, 동작과 호흡이 자연스럽게 이어질 수 있도록 돕는다.

호흡을 잘 살펴보는 것만으로도 들숨과 날숨의 리듬을 깨지 않고 일정하게 유지할 수 있다. 이렇게 호흡의 리듬이 유지되면, 폐가 부풀었다가 수축하는 등 움직임이 원활해지고, 그 움직임을 통해 폐에 탄력이 생겨 폐의 기능이 강화된다. 실제로 러닝을 1년 정도 쉬었다가 오랜만에 5km 달리기를 했는데, 의외로 숨이 차지 않고 1km 구간당 똑같은 페이스로 수월하게 달릴 수 있었다. 꾸준히 달리기를 하지 않았음에도 숨이 편안했던 이유는, 요가를 통해 폐의 움직임이 더 건강해졌기 때문이다. 건강한 호흡은 잘 달릴 수 있는 힘을 가져다준다.

또한, 근육의 탄력성이 체력에도 영향을 준다. 요가 매트 위에서 다양한 동작을 통해 근육을 수축했다가 이완시키는 과정을 반복하면 근육에 탄력성이 생긴다. 예를 들어, 탄력이 좋은 고무줄로 무언가를 묶을 때와 그렇지 않은 고무줄로 묶을 때를 비교해보자. 탄력이 좋은 고무줄은 단단히 고정되면서도 오래 유지된다. 근육도 마찬가지다. 탄성이 좋은 근육은 동작을 오래 유지해도 지치지 않고, 반응력도 빠르며 회복도 빠르다.

결국, 근육의 탄력은 고정감 있게 자세를 유지하고, 움직임의 지속력을 높이며, 지구력 있는 체력을 만들어가는 기반이 된다.

이렇게 호흡과 근육 모두의 '탄력성'을 기르는 요가 수련은, 단순한 유연성을 넘어서 삶 전체에 힘을 주는 지속적인 에너지원이 되어준다.

체력이 필요한 이유

삶은 대개 반복된 일상의 연속이다. 때때로 새로운 일들이 찾아오기도 하지만, 우리는 결국 익숙한 일들을 이어가며 살아간다. 그런 반복된 일상을 균형 있게 지탱하는 힘, 바로 체력에서 나온다. 이것이 체력이 필요한 이유다.

매일 매트 위에서 호흡의 들이쉼과 내쉼을 인지하고, 동작을 하며 변화된 호흡을 살피면서, 다시 균형 있는 호흡의 길이와 속도를 찾아간다. 요가 동작을 깊이 있게 하며 근육이 긴장과 이완을 반복하면서, 몸의 힘이 길러진다. 이 모든 것은 강한 힘을 기르기 위한 것이 아니라, 내게 주어진 삶을 균형 있게 살아 내기 위함이다. 다시 고요하게 나의 호흡을 살피며, 또다시 몸을 움직일 수 있는 에너지를 충전한다.

체력은 단순히 강한 힘을 의미하는 것이 아니다. 매일 식탁에 앉아 밥숟가락을 드는 힘, 매일 만나는 사람들과 평소처럼 대화할 수 있는 힘처럼 반복된 일상 속에서도 나 자신을 잃지 않고, 균형을 유지하며 살아갈 수 있게 해주는 힘이다. 요가를 통해 체력을 조금씩 쌓아가면서, 나는 그 힘이 점점 더 단단해져감을 느낀다. 하루하루 요가 매트 위에서 호흡을 가다듬고, 몸의 움직임을 섬세하게 조율하면서, 단순한 동작 이상의 것을 배우고 있는 것이다.

체력이란 결국 몸과 마음이 함께 만드는 힘이다. 일상 속에서 균형을 잃지 않고 무언가를 꾸준히 해내기 위해서는 강인한 체력만이 아니라, 그 체력을 잘 유지할 수 있는 마음의 힘도 필요하다. 아무리 피곤해도 다시 매트 위에 올라가 호흡을 들이쉬고 내쉬며, 나는 오늘도 내 삶의 균형을 찾아간다.

마음이 흔들리지 않게 하는 비결 :
프라나야마 호흡

 집에서 책을 읽거나 글을 쓸 때 집중하기가 쉽지 않아 주로 카페를 가서 작업하는 편이다. 휴일 아침, 평소처럼 집 근처 카페로 가기 위해 집을 나섰다.
 "음, 어떤 카페로 갈까?"
 머릿속에 지도를 그려보며, 집중이 잘 되었던 카페들을 하나씩 떠올려보았다.
 "햇살이 잘 들어오는 그 카페로 갈까? 그런데 저번에 갔을 때 음악이 너무 시끄러웠지."
 다시 다른 카페를 생각해보았다.
 "집 뒤편 산 둘레길에 있는 카페는 사람도 적고, 야외좌석도 있으니 맑은 공기를 마시며 공부할 수 있을 거야."
 생각을 정리하고 집 뒤쪽으로 방향을 틀었다. 하지만 몇 발자국 걷다가 다시 멈춰 섰다.

"아니야, 거긴 반려동물 동반이 가능해서 귀여운 고양이나 강아지에 정신이 팔릴지도 몰라."

"이번 주 디저트 카페에서 샌드위치를 할인하던데, 거기 가볼까? 마침 배도 고프네."

한참을 고민하다 보니 어떤 카페로 가야 할지도 잘 모르겠다는 생각이 들었다. 그러다 결국, 특별히 좋지도 나쁘지도 않은 프랜차이즈 카페로 발길을 돌렸다. 그곳이라면 큰 무리 없이 집중할 수 있을 것 같았다. 하지만 정작 자리에 앉고 보니, 여전히 온갖 잡생각이 머릿속을 떠나지 않았다.

게다가 에어컨이 너무 세게 켜져 있어, 온몸에 닭살이 돋을 정도로 추웠다. 이러다 두통이 생기는 건 아닐까 싶어, 직원에게 에어컨을 조금 줄여 달라고 부탁했다. 시간이 지나자, 여러 사람이 몰리면서 실내 공기가 금세 탁해졌고, 결국 다시 에어컨이 켜졌다. 이런저런 신경을 쓰느라 정작 카페에서 하려고 했던 일은 집중하지 못한 채 끝나버리고 말았다.

○●
마음의 탓

진짜 내가 집중을 못했던 이유가 외부 환경 때문이었을까? 스스로에게 물으며 그날 내 상태가 어떠했는지 살펴보게 되었다.

무언가에 집중할 때 가장 중요한 것은 사실 외부 환경보다는 내부의 마음가짐이다. 집을 나서기 전부터 마음이 분주했고, 작은 변화에도 예민하게 반응하는 날이었다. 이런 여유롭지 못한 마음을 먼저 살펴보기보다는, 완벽한 외부 환경을 찾아다닌 것이다.

음악 소리가 크건 작건, 햇빛이 들어오건 말건 상관없이 집중이 잘 될 때가 있다. 그건 내 마음과 몸이 조화를 이루고 있을 때다. 반대로 내 마음이 흐트러져 있다면 외부의 작은 자극조차도 크게 느껴진다. 결국 모든 문제는 내 마음에서 시작된다. 마음이 평온해야 세상도 그 마음을 비춘다.

프라나야마 호흡법

몸과 마음이 어딘가 불편하고, 생각이 자꾸 어지럽게 흩어지거나 주변 상황에 쉽게 짜증이 날 때, 나는 프라나야마 호흡을 한다. 마음이 복잡하고 차분해지지 않을 때, 호흡을 통해 마음의 중심을 다시 잡는 최고의 방법이기 때문이다.

프라나(Prana)는 숨, 호흡, 생명, 에너지를 뜻하며, 아야마(Ayama)는 확장, 조절, 제한을 의미한다. 즉, 프라나야마는 호흡을 통해 에너지를 조절하고 확장하는 것이다.

프라나야마 호흡은 크게 네 단계로 이루어진다. 먼저 숨을 들이마시는 '푸라카(Praka)', 들숨 후 잠시 멈추는 '안타라 쿰바카(Aantara Kumbhaka)', 숨을 내쉬는 '레차카(Rechaka)', 그리고 날숨 후 다시 멈추는 '바야 쿰바카(Bahya Kumbhaka)'가 있다.

첫째, 푸라카, 들이마시는 숨이다. 수용을 의미하는 푸라카는 모든 것을 받아들인다는 뜻한다. 깊게 숨을 들이마시며, 가슴을 활짝 열어 몸과 마음에 에너지를 채운다.

둘째, 안타라 쿰바카, 들이마신 후 멈춘 상태다. 들숨으로 에너지가 내 안에 채워지면, 잠시 숨을 멈춘다. 이 상태에서는 숨을 참으며 에너지를 머금고, 내쉬기 전의 순간을 음미한다.

셋째, 레차카, 내쉬는 숨이다. 숨을 내쉬는 레차카를 통해 불필요한 에너지를 밖으로 내보낸다. 날숨을 길고 부드럽게 내쉬며 몸을 비워낸다.

넷째, 바야 쿰바카, 내쉰 후 멈춘 상태다. 바야 쿰바카는 날숨 후의 멈춤을 뜻하며, 숨을 완전히 비운 후 잠시 그 상태를 유지한다. 이때 들숨의 준비를 한다.

여기서 중요한 것은 들숨과 날숨 사이의 멈춤, 바로 쿰바카(Kumbhaka)이다. 쿰바카는 단순히 숨을 참는 행위가 아니라, 그 멈춘 숨 사이에서 의식이 또렷해지는 각성의 순간이다. 숨이 멈추는 찰나, 마치 숨이 넘어갈지도 모른다는 경계심이 온몸을 휘감으며 정신이 순간 바짝 깨어난다. 그 짧은 긴장 속에서 마음은 다른 어떤 생각도 할 수 없고, 오직 '지금, 여기'에만 집중하게 된다.

이렇게 멈춘 호흡의 고요 속에서 내 몸과 마음은 미세한 떨림까지도 감지하며 균형을 찾아간다. 쿰바카는 바로 이 집중의 훈련을 통해 주의력을 깨우고, 의식을 현재로 불러오는 내면의 자극점이 된다.

무의식처럼 흘러가던 호흡을 의식의 영역으로 끌어올리면서, 나는 점점 나만의 호흡 리듬을 찾아간다. 얕고 흐트러진 숨결이 차츰 깊어지고, 들숨과 날숨 사이의 고요 속에서 몸과 마음은 자연스럽게 균형을 되찾아간다. 그렇게 호흡이 정돈되면, 나를 흔들던 불안의 파동도 조용히 잦아든다. 예민하게 반응하던 말 한마디, 갑작스레 밀려오는 감정의 물결조차 이제는 나를 쉽게 요동치게 하지 못한다. 그저, 숨을 따라 한 걸음씩 중심으로 돌아가는 것이다.

○●

흔들리는 마음을 바로잡으며

프라나야마는 마치 액상 구강청결제를 사용하는 과정과 비슷하다. 가글 용액을 입안에 머금고, 순간적으로 강한 향과 자극을 느끼며 천천히 입안 곳곳을 돌게 한다. 단번에 뱉지 않고 충분히 머금고 있다가, 그제야 완전히 뱉어낸다. 이처럼 프라나야마도 깊게 들이마신 숨을 멈추고 천천히 내쉬면서, 그 순간의 에너지를 온전히 느끼고 흘려보내는 것이다.

프라나야마 호흡을 연습하다 보면, 호흡이 단순한 생리 작용을 넘어 나를 주변이 아닌 중심에 머물게 해주는 중요한 요소라는 것을 알게 된다. 외부 환경이 어떻게 변하든, 내가 나 자신을 잘 잡고 있다면 흔들리지 않고 차분하게 집중할 수 있다.

이렇게 몸과 마음의 중심을 찾고 나면, 외부의 소음이나 사소한 자극이 더 이상 크게 문제가 되지 않는다는 것을 깨닫게 된다. 남탓, 환경 탓을 하며 흔들리던 마음이 차츰 고요해지고, 외부의 조건에 휘둘리지 않는 여유가 생긴다. 결국 나를 방해하는 것은 외부의 자극이 아니라, 그것을 과하게 받아들이는 내 마음이었다는 것을 알게 된다. 그런 깨달음을 통해, 나는 흔들린 마음을 호흡으로 다시 바로잡아간다.

호흡이
전부다

명상할 때 잠이 오는 이유

대학생 시절, 인도네시아 교환학생 프로그램에 참여했던 때가 떠오른다. 서로의 나라를 2주간 방문하며 언어를 배우고 문화를 체험하는 프로그램이었다. 그중 한 일정으로, 인도네시아 친구들이 한국에 왔을 때 템플스테이를 함께 체험한 적이 있다. 점심 식사 후 바람이 솔솔 부는 야외 대청마루에서 명상을 했는데, 앉아 있는 것만으로도 이미 힐링이 되는 느낌이었다. 그러나 힐링을 넘어서 졸음이 밀려왔다. 스님들 중 리더로 보이는 큰스님이 명상을 지도하시던 중, 내가 꾸벅꾸벅 졸자 대나무 막대기로 어깨를 여러 번 치셨다. '더허…', '탁탁…' 그 묵직한 소리와 아품이 아직도 생생하다. 옆에서 인도네시아 친구들이 키득거리며 웃었던 기억도 난다.

요가와 가까워지면서 명상을 접할 기회가 많았다. 요가의 시작과 끝은 대부분 명상으로 진행되기 때문이다. 하지만 명상을 하면 항상 졸음이 밀려오는 것이 늘 의아했다. 몸이 피곤한 날이라면 이해가 가지만, 충분히 휴식을 취한 날에도 꾸벅꾸벅 졸던 내 모습이 이상하게 느껴졌다. 당시 요가원 원장은, 내가 명상이 지루하다고 느껴 집중하기보다는 회피하려는 본능으로 잠에 빠진다고 지적했다. 사실 맞는 말이었다. 나는 명상을 '지루한 의식'이라고 여겼다.

명상에 대한 오해와 깨달음

나는 명상에 대해 몇 가지 편견을 가지고 있었다. 첫 번째는 명상이 '생각을 억제하는 것'이라는 잘못된 믿음이었다. 하지만 시간이 지나면서 깨달았다. 생각을 억제하려고 애쓸수록 오히려 더 많은 잡념이 떠오르는 법이다. 사실, 인간은 생각을 완전히 통제할 수 없다. 생각은 마치 끊임없이 떠오르는 구름과 같다.

어두운 하늘이나 맑은 하늘이라는 표현을 쓰지만, 본질적으로 하늘은 그대로다. 하늘을 가리는 구름이 있거나 없을 뿐이다. 명상 속에서 생각은 구름과 같으며, 그저 구름의 상태를 알아차리는 것이 명상의 본질이다. "오늘은 구름이 많구나", "지금은 먹구름이 낀 하늘이네"라고 하듯이, 생각이 떠오르면 "아, 이런 생각을 하고 있구나"라고 알아차리는 것이다. 명상이란 떠오르는 생각을 없애려는 것이 아니라, 그 생각을 있는 그대로 바라보고 인식하는 훈련이다.

두 번째는 명상을 '종교적 행위'로 보는 편견이었다. 어떤 명상 수업에서는 힌두교의 성가를 연상케 하는 소리를 내거나, 지도자와 수련생들이 경건하게 명상에 몰입하는 모습이 종교 의식처럼 보였다. 나에게는 낯설고 불편하게 느껴졌다. 그러나 더 깊이 배우고 나니, 명상은 특정 종교와 연결되지 않은 보편적이고 자연스러운 행위라는 것을 알게 되었다. 유교는 명상을 통해 무위자연(있는 그대로의 본질)을 따르고, 기독교는 '마음이 가난한 자는 복이 있다'며 본질적으로 비워진 마음 상태를 지향한다. 결국, 종교를 초월해 명상은 내면의 평온을 찾는 공통된 도구일 뿐이다.

○●
명상과 호흡의 관계

명상에 대한 편견을 내려놓고, 호흡의 중요성을 깨달으면서 나는 명상을 다르게 바라보게 되었다. 달리기를 할 때, 요가를 할 때, 감정을 다스릴 때, 심지어 일상에서 대화를 나눌 때까지도 호흡은 모든 순간에 깊이 관여한다. 호흡은 단순한 에너지를 얻는 대사과정을 넘어 우리의 몸과 마음을 연결해주는 중요한 다리다. 명상은 이러한 호흡을 제대로 바라보는 시간이다.

특히, 명상에서의 복식호흡은 매우 중요하다. 숨을 들이마실 때 복부가 어떻게 움직이는지 관찰하고, 숨이 깊숙이 들어오도록 의식적으로 연습한다. 빠르고 얕은 흉식호흡에서 길고 느린 복식호흡으로 전환하는 과정은, 마치 거친 파도를 잔잔한 호수로 바꾸는 것과 같다. 이런 연습을 통해 얕고 불규칙한 호흡을 점차 안정적이고 깊은 호흡으로 바꾸어 나간다.

나는 빠르고 조급한 호흡에서 점차 깊고 느린 호흡으로 전환하는 호흡 명상을 주로 한다. 이 과정에서 깨달은 것은 간단하지만 심오하다. 그저 호흡이 전부다.

○●

깊고 느린 호흡이 주는 평온

호흡 없이는 그 어떤 생명체도 살아갈 수 없다. 인간, 동물, 심지어 식물조차도 생명 활동을 위해 호흡을 한다. 호흡은 생명 에너지의 근본이자 모든 활동의 기초다. 그래서 나는 명상을 통해 호흡을 관리하고, 그 중요성을 더욱 절실히 느낀다.

불안과 답답함이 밀려올 때, 우리의 호흡은 얕고 가빠지기 마련이다. 이런 순간에는 복식호흡을 통해 천천히 숨을 들이마시고 내쉬며 안정감을 되찾을 수 있다. 깊고 느린 호흡은 심장 박동을 안정시키고, 몸과 마음을 차분하게 만들어준다. 명상은 바로 이러한 호흡을 배우고 연습하는 가장 효과적인 도구다.

정신없이 바쁘게 살던 20대 시절, 호흡을 들여다보는 명상 시간이 지루하게 느껴져 항상 졸기 일쑤였다. 때로는 비효율적이라고 생각하기도 했다. 그러나 지금은 다르다. 호흡에 집중할 때 뇌가 깨어나고, 명상이 오히려 내 일상에 활력을 더해준다.

○●
명상으로 삶의 중심을 찾다

호흡 명상을 통해 내가 느낀 것은 단순하지만 깊다. 호흡은 삶의 중심이며, 명상은 그 중심을 잡아주는 도구다. 명상을 할 때 우리는 단순히 조용히 앉아 있는 것이 아니라, 매 순간의 숨결과 함께 자신을 새롭게 발견한다. 우리의 호흡이 깊어질수록 삶의 깊이 또한 더해진다. 명상이 주는 깨달음은 결국 나를 지탱하는 가장 기본적인 것을 잊지 않고 바라보는 데 있다.

요즘 나는 명상을 통해 조금 더 나은 나로 변해가고 있다. 이전보다 더 차분하고 안정된 마음을 가지게 되었고, 급했던 호흡은 평온함으로 바뀌었다. 명상이 단순히 앉아서 시간을 보내는 행위가 아닌, 삶의 균형을 찾는 중요한 과정임을 더 많은 사람들이 알게 되기를 바란다.

"
몸의 균형을 잘 잡아가는 데 있어서 중요한 것은
근육을 수축할 수 있는 능력뿐만 아니라,
수축된 근육을 다시 이완시킬 수 있는 능력이다.
"

2부

근육:
에너지 방향

탄력 있는 몸을 만드는 법

　요가 수련을 위해 요가원에 오는 사람들을 보면 대체로 두 가지 부류로 나뉜다.

　첫째는 특정 부위가 만성적으로 굳어 유연성이 부족한 사람들이다. 이런 사람들은 흔히 한쪽으로만 누워 자거나 구부정한 자세로 앉는 등, 균형이 깨진 생활 습관으로 인해 근육과 힘줄, 인대가 긴장 상태로 유지되어 통증을 호소하곤 한다. 요가 수업 중 스트레칭만으로도 땀을 흘리며 몸의 긴장을 풀어내는 경우가 많다.

　둘째는 근육이 거의 없어 유연하게 보이지만, 실제로는 관절과 근육이 약한 사람들이다. 이들은 몸의 유연성은 있지만 근육이 부족해 관절을 제대로 지지하지 못하기 때문에 부상에 쉽게 노출된다. 유연한 것처럼 보여도, 간단한 하체 근력운동인 '런지'조차 3초 이상 버티기 어려운 경우가 많다.

두 부류 모두 몸의 균형이 깨진 상태라고 할 수 있다. 하나는 몸이 너무 긴장된 상태이고, 다른 하나는 지나치게 이완된 상태이다. 몸의 균형은 이러한 긴장과 이완이 반복되며 자연스럽게 이루어진다.

경험을 통해 배운 탄력의 중요성

나 역시 요가를 처음 접했을 때, 내 몸의 상태가 어떠한지 정확히 인지하지 못했다. 당시 요가 선생님이 균형자세인 '반달 자세(Ardha Chandrasana)'를 하라고 하셨다. 다리를 들어올려 옆으로 뻗고, 한 팔로 바닥을 짚은 채 몸을 회전시키는 동작이었다. 나는 다리를 높이 드는 데만 집중했는데, 선생님은 내게 "들어올린 다리의 엉덩이 근육을 살짝 조여보세요."라고 하셨다. 처음엔 이상하게 느껴졌지만, 엉덩이에 힘을 주자마자 몸이 훨씬 가볍고 안정적으로 느껴졌다. 중심을 잡기 위해 바닥을 짚은 팔이나 몸통 쪽에만 의지했던 힘이, 그 순간 반대쪽 엉덩이 근육의 수축으로 자연스럽게 분산된 것이다.

이때 느낀 건, 몸의 어느 한 부분을 제대로 수축하면 반대쪽이 무리 없이 이완되고, 덕분에 전체적인 긴장이 줄어든다는 점이었다.

균형 잡힌 몸과 마음

 근육의 긴장과 이완이 번갈아 이루어지는 과정에서 우리는 몸의 균형을 찾는다. 이 균형은 몸을 안정적으로 유지해줄 뿐만 아니라, 부상 예방에도 큰 도움을 준다.
 몸의 균형을 잘 잡아가는 데 있어서 중요한 것은 근육을 수축할 수 있는 능력뿐만 아니라, 수축된 근육을 다시 이완시킬 수 있는 능력이다. 긴장 상태로 굳어 있는 사람들에게는 이완이 필요하고, 반대로 지나치게 이완된 사람들에게는 근육을 다시 잡아주는 긴장이 필요하다. 이 균형이 바로 근육의 '탄력성'이다. 탄력이 좋은 근육은 단단하게 잡아주기도 하고, 부드럽게 열어주기도 하며, 이렇게 균형이 잡힌 근육은 우리가 더 안정적이고 건강하게 몸을 사용할 수 있도록 돕는다. 한쪽으로 치우친 몸을 다시 원래 상태로 되돌리는 이 탄력의 힘은 긴장과 이완이 반복되는 과정에서 길러진다.

탄력 있는 삶을 위한 방법

 요가를 통해 내가 배운 가장 중요한 것은 몸과 마음의 균형이다. 긴장이 너무 오래 지속되면 몸도 마음도 쉽게 지치고, 반대로 너무 이완되면 나태해지거나 중심을 잃기 쉽다. 긴장과 이완, 그 두 가지가 균형을 이루어야만 몸이 탄력을 가질 수 있다는 사실을 깨달았다. 이건 단지 몸의 문제만이 아니다. 삶에서도 지나치게 조급해질 때는 여유를 찾아야 하고, 느슨해졌을 때는 다시 동력을 얻어야 한다.

어떤 때는 마음이 조급해지기도 하고, 반대로 무기력하게 느껴질 때도 있었다. 하지만 내가 요가에서 배운 건, 그런 마음 상태를 억지로 변화시키려 하기보다는 먼저 그 상태를 인지하고 받아들이는 것이었다. 몸이 굳었을 때 억지로 풀어내기보다, 먼저 그 긴장을 느끼고 천천히 이완해가는 과정처럼 말이다.

몸의 탄력을 기르듯, 마음의 탄력도 그 과정 속에서 길러진다. 조급할 때는 한 발 물러서고, 느슨할 때는 조금 더 집중하며 내 몸과 마음을 들여다보며 균형을 찾는 연습을 해가고 있다. 요가는 그저 몸을 단련하는 수련이 아니다. 나에게 요가는 매일 나 자신과 다시 만나는 시간이다.

몸을 제대로 사용하기 위한
집중의 기술

대화를 하다 보면 문득 딴생각이 떠오르거나 마음이 산만해져 상대의 말에 집중하지 못할 때가 있다. 그럴 때는 상대의 말과 맞지 않는 엉뚱한 반응을 하게 되기도 한다.

예를 들어, 이런 대화가 있다.

Ⓐ : "아침에 일어나서 따뜻한 라떼와 차가운 라떼 중에 뭘 마실지 고민되더라."
Ⓑ : "근데 따뜻한 라떼는 콜롬비아산 원두가 제일 맛있더라."

겉보기엔 라떼 이야기로 대화가 이어지는 것 같지만, 실은 서로의 말이 연결되지 않는다. A는 아침에 '뭘' 마실지 고민을 이야기했지만, B는 '어떤 것'이 제일 맛있는지를 말한 것이다. 이런 대화는 겉돌기 쉽다.

모든 대화에 깊이 몰입할 필요는 없지만, 진심으로 누군가의 이야기를 듣고자 할 때는 마음을 쓰는 태도가 중요하다. 상대의 말에 귀를 기울이고 관심과 애정이 바탕이 될 때, 대화는 깊어지고 관계는 단단해진다.

요가도 마찬가지다. 요가를 제대로 하기 위해서는 동작을 잘 만드는 것보다, 수련 시간 동안 집중하는 마음가짐이 더 중요하다. 기분이 좋지 않거나 몸이 뻐근한 날에도 마음을 다해 집중할 때, 요가의 이로움을 온전히 경험할 수 있다.

왜 늘지 않는가?

몸이 유연할수록, 할 수 있는 요가동작이 많을수록 요가를 잘한다고 생각한 적이 있었다. 만약 지금도 그런 기준으로 수련을 이어가고 있었다면, 나는 요가가 주는 진정한 이로움을 알지 못했을 것이다.

요가를 오랫동안 해도 늘지 않는다고 속상해하는 사람, 수업이 끝나도 요가를 하기 전과 후의 몸과 마음이 그대로인 사람을 보며, 요가에 집중하는 것이 얼마나 중요한지 깨닫게 된다. 그들이 수업에 몰입할 수 있도록 이끌어주는 것이 나의 역할임을 항상 되새긴다.

 같은 공간에서 같은 동작을 해도, 그 동작을 대하는 태도는 사람마다 다르다. 마음가짐이 다르기에 자극을 느끼는 부위와 강도도 조금씩 달라진다. 예를 들어, 로우런지 자세를 할 때, 어떤 사람은 허벅지 앞쪽에 자극을 느끼고, 또 어떤 사람은 서혜부 쪽이 더 당기는 경우가 있다.

 동작을 하면서 몸의 반응을 세심히 관찰하며 변화에 집중하는 사람이 있는가 하면, 자극을 느끼기도 전에 동작에서 빠져나오는 사람도 있다. 어떤 선택이 더 옳다고 단정할 수는 없지만, 다른 선택에는 다른 결과가 따라오는 건 확실하다.

 요가를 아무리 열심히 해도 늘 몸의 한계를 느낀다면, 먼저 '지금 나의 요가가 집중 속에서 이루어지고 있는가?' 되물어볼 필요가 있다. 만약 그렇지 않다면, 그 어떤 것보다 마음을 다잡고 내 몸에 집중하는 것이 우선이다.

 실제로 수업 중 오른다리를 뒤로 보내라는 말에 왼다리를 뒤로 보내는 회원이 있거나, 뒤를 돌아보라는 말에도 여전히 앞을 바라보는 회원을 종종 보게 된다.

 한 번은 "우파비스타 코나사나"(두다리를 옆으로 넓게 벌리는 자세)를 설명하던 중이었다. 평소라면 하체가 유연해서 시원하게 다리를 찢던 회원이 그날은 다리를 적게 벌리고, 상체도 숙이지 않은 채 바닥을 멍하니 바라보고 있었다. 그 모습을 보고 의아했던 나는 그녀의 표정과 몸 상태를 유심히 살폈다. 그리고 그녀가 현재 동작에 집중하기 어려운 마음 상태라는 것을 알 수 있었다.

조심스럽게 다가가 '괜찮으세요?'라고 묻고, 다리를 더 벌릴 수 있도록 상체를 앞으로 밀어주었다. 그제야 멍했던 눈빛이 돌아오며 다시 동작에 몰입하기 시작했다.

수업이 끝난 뒤, 그녀는 요가를 하러 오기까지 많이 망설였다고 말했다. 하루 종일 이어진 일과 인간관계로 머릿속이 복잡했고, 그로 인해 요가에 집중하기 어려웠다고 털어놓았다. 수업 중 자신이 집중하지 못하고 있다는 것을 알아차리게 해준 것, 그리고 다시 동작에 몰입할 수 있도록 도와준 것이 큰 위로가 되었다며 고마움을 전했다.

몸과 대화하기

동작에 집중하면 자연스럽게 몸에 집중하게 된다, 그리고 몸에 집중할 때, 비로소 내 몸을 제대로 쓸 수 있다. 이를 위해선 지금 내 몸이 어떤 상태인지, 근육이 어떻게 쓰이고 있는지, 관절의 상태는 어떠한지 알아차리는 것이 중요하다. 꼭 물리치료사나 해부학자처럼 전문적인 지식을 알아야 하는 것은 아니다. 어떤 동작이 나에게 어떤 자극으로 다가오는지, 그 자극에 몸은 어떻게 반응하는지를 느끼는 것만으로도 충분하다.

나는 요가를 하다가 집중이 흐트러진 나 자신을 발견할 때면 조용히 대화를 나눈다.

"소망아, 오늘은 집중이 잘 안되네? 좀 피곤했나 보다. 그래도 여기까지 왔으니까 잠깐이라도 집중해보자. 허리가 좀 아픈데, 어제는 괜찮았는데? 오늘 어떤 자세를 오래 했더라?"

이런 나와의 대화는 곧 '몸과의 대화'이다. 억지로 자세를 만들려 하기보다는, 내 몸이 지금 무엇을 말하고 있는지 귀 기울이려 한다. 그렇게 몸의 소리에 귀를 기울이다 보면, 어느 순간 그 메시지를 읽을 수 있게 된다. 틀어진 몸 습관, 쌓여 있는 감정, 갇힌 에너지 같은 것들이 떠오른다. 그리고 그것들을 있는 그대로 알아차리고 받아들이는 순간, 수련은 훨씬 편안하고 자연스러워진다.

요즘 많은 사람들이 자신의 몸이 보내는 신호를 놓치고 산다. 눈이 무겁고 하품이 나와도 "영상 하나만 더 보고 자자"라며 잠을 미루고, 몸살 기운이 있어도 "일이 쌓여 있으니까"라며 그냥 버틴다. 머리가 자주 아프고, 소화가 잘 안되고 짜증이 잦아도 "그냥 스트레스겠지" 하고 넘긴다.

요가를 할 때도 마찬가지다. 어떤 동작이 힘들어 몸은 '지금 무리야'라는 신호를 보내는데, 마음은 '더 해야 해. 여기서 멈추지 마'라는 밀어붙인다. 이렇게 우리는 매트 위에서도 일상에서도 자주 몸의 소리를 무시한다.

하지만 이런 신호를 반복해서 외면하다 보면 결국 몸의 균형은 무너지게 되어 있다. 피곤한데도 깨어 있으면 수면부족으로

면역력이 떨어지고, 아픈 몸을 억지로 움직이면 회복이 더디며 더 큰 병으로 이어질 수 있다. 쌓인 스트레스를 무시하면, 언젠가는 우울감이나 번아웃이라는 모습으로 터질 수도 있다.

  몸은 늘 나를 보호하려는 방향으로 반응한다. 그렇기에 우리는 지금 이 순간, 바로 여기에 머물러야 한다. 그리고 내 몸이 진짜로 필요로 하는 것이 무엇인지 느끼려 해야 한다.

  나 역시 몸과 대화하면서 집중을 잃은 나를 다독인다. 그리고 다시 현재 내 몸 상태에 집중한다. 그럴수록 더 깊이 나를 이해하게 된다. 예전에는 그저 '종아리가 묵직하다'고만 느꼈던 걷기 동작 속에서도, 지금은 발바닥에 실리는 무게중심, 골반을 지탱하는 코어의 힘, 무릎의 각도, 팔의 흔들림 같은 작은 변화들까지 섬세하게 느껴진다.

  이렇게 몸에 집중하며 자신의 상태를 세심하게 인식할 때, 비로소 우리는 몸을 제대로 쓸 수 있게 된다.

길항작용 :
균형을 맞춰가는 여정

 우리 몸은 서로 반대되는 힘이 작용하면서 균형을 유지한다. 이를 '길항작용'이라 부르는데, 신체의 거의 모든 움직임 속에 이 작용이 숨어 있다.
 예를 들어, 자율신경계는 교감신경과 부교감신경이 서로 균형을 이루며 작동한다. 교감신경이 활성화되면 심장 박동이 빨라지고 몸이 긴장상태에 들어가지만, 반대로 부교감신경이 활성화되면 심장이 차분해지며 소화가 원활해지고 몸은 이완모드로 전환된다.
 근육 역시 길항작용이 필수적이다. 팔을 구부릴 때는 앞쪽의 이두근이 수축되고, 동시에 뒤쪽의 삼두근이 이완되어야 그 동작이 자연스럽게 이루어진다.
 자리에 서서 다리를 들어올리는 동작도 마찬가지다. 서있는 상태에서 한쪽 다리를 천장 방향으로 들어올리기 위해서는 허벅지 앞쪽의 대퇴사두근이 수축되고, 그 반대편에 있는 햄스트링은 충분히 이완되어야 한다. 여기서 대퇴사두근과 햄스트링은 서로 길항관계에 있으며, 이 두 근육들이 조화를 이루며 움직이는데, 그것이 바로 길항작용이다.

이처럼 몸의 움직임에는 항상 서로 반대 방향으로 작용하는 힘이 존재하며, 이 균형이 몸을 원활하게 해준다.

○●
등을 조여 가슴을 열다

얼마 전, 동생이 거북목 때문에 불편함을 호소했다. 나는 동생에게 가슴을 펴고 척추를 세우는 법을 설명했지만, 말로만 이해시키기엔 어려움이 있었다. 그래서 직접 등에 손을 얹고, 등을 살짝 조이도록 유도했다. 그러자 신기하게도, 동생의 가슴이 자연스럽게 열렸다. 힘을 주어 가슴을 펴는 것보다, 반대쪽인 등을 사용했을 때 훨씬 수월하게 자세가 잡힌 것이다.

이 경험을 통해 동생은 가슴을 열기 위해서는 단지 앞쪽 근육만 쓰는 것이 아니라, 뒤쪽 근육의 도움도 필요하다는 사실을 깨닫게 되었다.

요가 수련을 하다 보면, 이 길항작용의 원리가 얼마나 중요한지 점점 더 깊이 느끼게 된다. 그리고 이 작용을 이해하면 할수록 몸을 바라보는 시각도 달라진다. 가슴을 열고 싶다면 등을 조이고, 허리를 펴고 싶다면 복부에 힘을 주어야 한다. 겉으로 드러나는 움직임만을 따라 하기보다는 상반된 움직임을 함께 활용해야 비로소 동작이 제대로 완성된다. 이런 원리를 깨닫고 나니, 몸을 사용하는 방식도 더 자유로워졌다.

인간관계의 길항작용

이러한 길항작용은 단지 몸에만 해당되는 원리가 아니다. 사람과 사람 사이의 관계에서도, 길항작용은 분명하게 작용한다는 사실을 나는 최근 경험을 통해 배웠다.

어느 날, 한 회원이 센터의 예약 시스템에 불만을 품고 화를 내는 상황이 있었다. 나는 당시 그 문제를 직접 해결해야 할 입장은 아니었지만, 그 자리에 있었기에 자연스럽게 상황을 맞이하게 되었다. 순간 느껴졌다. 그녀가 진짜로 원하는 건 문제 해결 이전에, 자신의 불만과 감정을 누군가가 진심으로 들어주는 것이었다는 것을 말이다.

그래서 나는 조용히 그녀의 말을 끝까지 들어주었다. 흥분한 목소리에 맞서지 않고 차분함을 유지하며 공감하려 했을 뿐인데 얼마 지나지 않아 그녀도 마음을 가라앉히고, 불만 역시 자연스럽게 풀렸다.

그날 나는 다시금 깨달았다. 누군가가 강하게 다가올 때, 나 역시 강하게 맞설 필요는 없다. 오히려 그 반대의 힘, 즉 부드럽고 열린 마음이 관계의 균형을 되찾게 해준다.

○●
몸과 마음의 균형을 찾는 길항작용

몸의 균형을 맞추기 위해서는, 서로 반대되는 힘을 인식하고, 그 두 힘을 조율해 나가는 과정이 필요하다. 마음도 마찬가지다. 감정이 요동칠 때, 그 감정을 억누르거나 외면하는 대신, 있는 그대로 알아차리고 조용히 들여다보면 마음의 중심이 다시 자리 잡기 시작한다.

요가 수련이 단지 몸을 움직이는 데 그치지 않는 이유가 바로 여기에 있다. 그 움직임을 통해 나를 더 깊이 들여다보고, 자신을 이해하며 몸과 마음의 균형을 찾아가는 여정이기 때문이다. 몸이 그렇듯 삶도 무엇보다 균형이 중요하다. 한쪽으로 치우쳐 있을 땐, 반대쪽을 향해 다시 중심을 잡는 것이 필요하다. 그리고 그런 균형을 찾는 연습은 요가매트 위에서, 그리고 매트 밖의 삶에서도 이어진다.

나아가기만 할 때는 잠시 멈추어 보고, 멈추고 싶은 순간에는 한걸음 더 내딛어 보는 것 그 사이 어딘가에서 우리는 진짜 나와 마주하게 되고, 조금씩 균형을 배워간다.

한쪽으로
치우치지 않기

한때 고기를 무척 좋아해 매일 고기 반찬을 챙겨 먹던 시기가 있었다. 나물이나 채소 반찬을 싫어하는 건 아니었지만, 더 맛있게 느껴지는 고기를 더 자주 선택하게 되었다.

하지만 고기에만 집중된 식단은 점점 몸에 변화를 가져왔다. 식이섬유가 부족해 속이 자주 더부룩했고, 아침에 일어날 때마다 몸이 무겁게 느껴졌다. 단백질 섭취가 물론 중요하긴 하지만, 다른 영양소를 소홀히 한 결과였다.

몸에 필요한 모든 영양소가 골고루 섭취되지 않은 한쪽으로 치우친 식단은 결코 건강한 식습관이 될 수 없다. 요가 수련에서도 이와 같은 '편식'을 종종 보게 된다. 어떤 동작을 잘한다고 해도 그것만 반복하다 보면, 몸의 움직임도 한쪽으로 치우치게 되고 균형을 잃게 된다. 결국 중요한 건 다양한 동작을 통해 전체적인 조화를 이루는 것이라 할 수 있겠다.

몸의 균형을 찾아가는 수련

예전에 누군가로부터 "다리를 옆으로 일자로 찢고 싶은데 허벅지가 단단하면 다리찢기가 잘 안 될 것 같아서 하체운동을 피하고 있어요."라는 말을 들은 적이 있다. 하체운동을 하면 허벅지 근육이 단단해져 유연성이 줄어들 것이라는 걱정이었다. 그는 꾸준히 스트레칭만을 반복하며 결국 다리를 일자로 찢는 데 성공했지만, 계단을 오르기도 힘들 만큼 근력이 약해졌다.

또 다른 이는 고강도 기능성 운동인 크로스 핏(CrossFit)에 빠져 무리하다 아킬레스건에 부상을 입었다. 회복을 위해 요가를 시작했지만, 예약 실수로 테라피 수업 대신 강도 높은 빈야사 수업에 참석하게 되었고, 오히려 그 수업에 매력을 느껴 계속해서 고강도 수업만 이어갔다. 결국 회복이 필요한 아킬레스건이 더 심하게 다쳐 요가원도 나올 수 없게 되었다.

이 두 사례는 근육의 수축과 이완의 원리를 제대로 이해하지 못했을 때 흔히 갖는 행동이다. 멋지게 다리를 찢기 위해 근력운동을 하지 않으려는 것과 스트레칭이 필요함에도 근육을 수축하는 강도높은 운동에만 비중을 두는 것은 건강한 몸을 만드는 데 도움이 되지 않는다. 요가수련은 늘 조화롭게 이루어져야 하며, 어느 한쪽으로 치우친 연습은 결국 균형을 해치게 된다.

탄력 있는 근육이란?

관절이 유연하다고 해서, 혹은 근육이 발달해 건장해 보인다고 해서 반드시 건강하다고 할 수는 없다. 건강한 근육이란 수축과 이완을 균형 있게 반복할 수 있는 탄력성을 지닌 근육이다. 수축할 땐 힘있게, 이완할 땐 부드럽게 돌아갈 수 있어야 하며, 이 능력이 곧 근육의 '건강함'을 결정짓는 요소가 된다.

한 소셜미디어에서 본 어느 인플루언서의 영상이 인상 깊었다. 삼두근이 또렷하게 드러나는 근육질의 팔로, 양손을 깍지를 낀 채 팔이 등 뒤로 360도 회전되었는데 마치 요가마스터와 보디빌더가 하나로 합쳐진 듯, 그의 움직임은 단단하면서도 부드러웠다. 단단하면서 부드럽다는 말이 이 사람을 위해 존재하듯 영상에서 보여준 그의 움직임은 심지어 경이로워 보이기까지 했다. 이만큼의 탄력감을 갖기까지 얼마나 열심히 근육의 긴장과 이완의 반복과정을 겪었을지 그의 노력이 엿보였다.

이처럼 근육은 긴장과 이완을 통해 점차 제자리를 찾아가고, 뼈와 관절을 안정적으로 지지해준다. 우리가 몸을 움직일 때 뼈와 관절을 둘러싼 근육이 당연히 쓰인다. 결국 우리가 움직일 수 있는 가동범위는 근육이 잡아주고 늘어주는 만큼이다. 쉴 새 없이 움직이는 일상에서 탄력성은 매우 필요하며, 이 탄력성은 근육의 건강함을 알려주는 척도라 할 수 있다.

즉, 건강한 근육이란 필요할 때 단단하게 버텨주고, 필요할 때 부드럽게 풀어질 수 있는 근육이다. 이런 근육을 가진 몸은 언제나 안정적이고 균형 잡힌 움직임을 만들어낸다.

외면하지 않고 마주하기

요가 매트 위에 올라서면 잘하는 동작은 반복하고 싶어지고, 어려운 동작은 자꾸 피하고 싶어진다. 누구에게나 자신의 약점은 드러내고 싶지 않은 법이다. 하지만 바로 그 지점에서 편중된 마음이 시작된다.

요가를 수련하면서 '내가 잘하는 것'과 '아직 부족한 것'을 자연스럽게 마주하게 된다. 그리고 바로 그 부족한 부분이야말로 내가 더 성장할 수 있는 가능성임을 깨닫는다. 굳어 있는 몸은 풀어주고, 느슨한 부분은 단단히 잡아주는 과정 속에서 조금씩 균형을 찾아간다. 외면하고 싶은 나의 일면을 마주하고 개선하려는 노력이 쌓일수록, 요가는 단순한 운동을 넘어 삶에 깊은 울림을 전하는 수련이 된다.

이 과정은 단지 요가에만 해당되는 것은 아니다. 우리는 모두 잘하는 부분과 부족한 부분을 동시에 지닌 존재다. 하지만 삶에서 중요한 것은 그 모든 면을 받아들이고 균형을 유지하려는 태도이다. 균형이란 완벽한 상태를 의미하는 것이 아니라, 흔들릴 때마다 스스로 중심을 찾아가는 지속적인 노력이다. 그런 작은 노력이 모여, 우리는 조금씩 더 단단하고 조화로운 삶을 살아갈 수 있게 된다.

숨어있는 힘 사용하기 :
작용-반작용

　고등학교 시절, 물리 과목은 나에게 가장 어려운 과목이었다. 눈에 보이지 않는 힘을 숫자로 계산하는 것도 복잡하게 느껴졌고, 배운 법칙들이 일상에 어떻게 적용되는지도 쉽게 와 닿지 않았다. 자연스럽게 흥미를 잃었고 성적도 썩 좋지 않았다. 그럼에도 불구하고 지금까지도 기억에 남아 있는 개념이 하나 있다. 바로 뉴턴의 운동 법칙 중 하나인 '작용-반작용의 법칙'이다. 요가를 가르치며 이 법칙을 종종 떠올리게 된다.

　작용-반작용의 법칙은 간단히 말해 "모든 힘에는 그에 상응하는 반대 방향의 힘이 존재한다"는 것이다. 내가 벽을 밀면, 벽도 나를 같은 크기의 힘으로 민다는 뜻이다. 이 원리를 요가 동작에 적용할 수 있다는 사실을 알게 되었을 때, 나는 그 원리에 대해 매우 흥미로움을 느꼈다.

신기하게도 나는 이미 요가를 통해 이 원리를 체험하고 있었다. 예를 들어 '우르드바 무카 스바나아사나(Urdhva mukha svanasana)'는 엎드려 누운 상태에서 팔로 상체를 올리는 자세인데, 이때 손과 발등으로 바닥을 미는 힘(작용)이 상체를 들어 올려준다. 바닥이 나를 반대로 밀어주면서(반작용) 상체가 위로 더 길게 뻗어 올라가는 것이다.

그 후로 자주 했던 동작들을 다시 바라보니 모든 자세에서 나도 모르게 작용-반작용의 힘을 이용하여 자세를 만들고 있었다.

한발로 서있는 자세인 '브릭샤아사나(Vrkshasana)'때 무게중심이 흐트러지면 몸이 춤추듯 흔들리기 쉽다. 그럴 때 바닥을 향해 발을 눌러주는 힘을 의식하면 무릎과 허리가 펴지면서 좀 더 잘 서있게 된다. 내가 바닥을 미는 힘이 클수록, 바닥도 나를 밀어 올려 자세가 정렬되는 것이다.

활시위 현(弦)자를 써서 현자세로 불리는 동작을 할 때도 마찬가지다. 몸을 기울여 왼쪽 옆구리를 늘리고자 할 때, 오른 무릎이나 발로 바닥을 눌러주면(작용), 왼쪽 가슴이 반대 방향으로 밀려나면서(반작용) 옆구리의 이완이 깊어진다.

자세히 보면 단순히 앉아 허리를 세우는 순간에도 이 힘은 존재한다. 요추를 위로 세우는 작용이 생기면, 동시에 바닥에 닿은 엉덩이 면이 단단하게 눌리며 안정되는 반작용이 일어난다. 이처럼 작용-반작용 원리를 이해하고 나면, 몸의 움직임 속에 숨어 있는 에너지를 더 깊이 활용할 수 있게 된다.

욕구의 작용 반작용

이 작용-반작용의 원리는 몸뿐 아니라 우리의 내면의 에너지에도 적용이 된다. 어떤 것을 갖고 싶은 욕구가 클수록 오히려 그것이 멀게 느껴지는 순간들이 있다. 어떤 것을 잘하고 싶은 마음이 강해질 때, 현재에 집중하지 못하면서 실수를 하기도 한다. 마치 무엇인가를 잡으려 손을 뻗을수록 오히려 놓치게 되는 것처럼, 마음의 작용이 커질수록 반작용도 함께 커지는 것이다.

나 역시 그랬다. 한동안 '시르사파다아사나(Sirspadasana)'에서 '우르드바 다누라사나(Urdva Dhanurasana)'로 연결한 뒤 다시 올라오는 흐름을 완성하고 싶다는 생각이 강했다. 매일같이 연습하면서 꼭 성공해야 한다는 집착이 생겼고, 그러다 보니 오히려 몸이 굳고 힘이 잔뜩 들어갔다. 동작이 잘 되지 않을 때마다 자신감도 함께 무너졌다.

그런데 어느 날, 몸살 기운이 있어 힘이 쭉 빠진 상태에서 연습을 하게 되었는데, 오히려 그날은 동작이 더 수월하게 이어졌다. 힘이 빠져 불필요한 긴장이 없으니, 오히려 필요한 부분에만 집중할 수 있었고 호흡도 편안했다. 몸의 힘을 빼고 나서야 동작은 더 자연스럽게 이어졌다. 이 경험은 마음의 작용이 클수록, 그에 상응하는 방해의 반작용도 커질 수 있음을 깨닫게 했다.

○●
반대로 밀어낼수록 (작용) 더 다가온다. (반작용)

무언가를 강하게 밀어내려 할수록, 오히려 더 다가오는 경우도 있다. 요가 수련 중 스트레칭이나 근력운동을 하다 보면 고통이나 힘듦을 피하려는 마음에 긴장이 올라오고, 감정적으로 짜증이 나기도 한다. 통증을 밀어내고자 몸에 저항하려는 힘이 작용으로 들어가면, 그 반작용으로 몸과 마음의 긴장도 더 커지게 된다. 저항하는 힘이 가득할 때 우리의 감정은 더 격해지기 쉬우며, 요가를 하는 장소나 요가 지도자에 대한 왜곡된 감정까지 덧붙여지기도 한다.

실제로 몸에 들어오는 자극을 피하려 인위적인 방어 반응이 생기면, 체감상 현재상황을 더 괴롭고 과장되게 느낀다. 어깨에 힘이 들어가고, 호흡을 참게 되며, 머릿속 생각은 점점 과열된다. 결국 '힘든 동작'이 되는 것은 자극 자체보다 내가 만들어낸 저항의 힘 때문인 경우가 많다.

물에 빠졌을 때, 두려워 발버둥치는 것보다 몸의 힘을 풀고 물위에 가만히 떠 있는 편이 더 안전하다는 말을 떠올리게 된다. 아픈 감각을 피하려는 내적 저항을 알아차리고, 그 힘을 천천히 풀어주는 과정이 필요하다. 그렇게 하면 감정은 옅어지고, 통증은 객관적으로 받아들여지며, 몸의 감각에 집중할 수 있는 시선을 갖게 된다. 그 시선으로 꾸준히 몸을 풀어가다보면 이전보다 몸의 한계를 깨고 더 가볍고 자유로운 상태로 향하는 경험을 할 수 있다.

○●
지금을 바라보는 힘

  나는 내가 긴장하고 있다는 사실을 자각했을 때, 그 순간의 해석이 왜곡되고 있음을 알아차리려 한다. 그리고 그런 나를 다시 이완시키기 위해 호흡하고, 바라본다. 그 시선을 가지기 위해 요가 수련을 계속한다.

  지나간 과거에 얽매이거나, 아직 오지 않은 미래에 대한 불안으로 현재를 놓치지 않기 위해, 지금 이 순간을 바라보는 힘이 필요하다. 그 힘은 내게 자유로움을 준다. 몸과 마음의 움직임 속에서, 숨어 있는 힘을 발견하고 이해해가는 과정. 그것이 곧 요가가 나에게 알려준 가장 값진 수업 중 하나이다.

관계에도 탄력성

우리 몸이 건강하게 움직이기 위해 근육의 탄력이 필요하듯, 사회에서 건강하게 다른 사람과 어울리며 살아가기 위해서도 '관계의 탄력성'이 필요하다는 걸 배워가고 있다.

살다 보면 예상치 못한 어려움을 마주하는 순간들이 있다. 그런 상황에서 나는 감정적인 위로나 공감보다는, 문제의 원인이 무엇인지 파악하고 해결할 수 있는지를 먼저 따져보는 편이다. 이게 타고난 성향인지, 아니면 부모님에게서 배운 방식인지는 모르겠다.

그렇게 혼자 문제를 해결해온 시간들이 쌓이며 자연스럽게 문제해결능력도 자라났고, 예상치 못한 일이 닥쳤을 때에도 크게 불안해하지 않고 오히려 담담히 마주하는 힘이 생겼다. 마치 생각의 흐름을 바꿔 상황을 정리하는 힘이라고 할까.

대학교 1학년 때, 영미학개론 수업에서 스티븐 코비의 『성공하는 사람들의 7가지 습관』을 원서로 부교재 삼아 읽었다. 지금도 아마존 베스트셀러에 올라 있는 자기계발서인데, 그 책의 메시지와 내 삶의 태도가 꽤 닮아 있어 놀랐던 기억이 있다. '내가 성공하는 사람들의 사고방식을 가지고 있는 걸까?' 하며 혼자 뿌듯해하기도 했다. 그 이후 나는 인생의 문제들을 '정답 찾기'처럼 다뤘고, 뭔가 문제가 생기면 본능적으로 해결책부터 찾았다.

하지만 시간이 지나면서, 그런 '문제해결형 사고방식'이 사람들과의 깊은 관계 속에서는 오히려 오해와 갈등을 만들 수 있다는 걸 깨닫게 되었다.

특히 가족이나 친구, 연인처럼 내게 소중한 사람들과의 관계에서는 더더욱 그랬다. 상대가 힘들어하는 상황에 놓였을 때 나는 그 감정을 공감하기보다 '어떻게 도와줘야 이 상황이 빨리 나아질까'를 먼저 생각했다. 그런데 그렇게 문제 해결 중심으로 접근했던 방식은, 공감을 원했던 상대의 마음에는 오히려 상처가 되기도 했다.

예를 하나 들어보자.
작년, 여동생과 사소한 쿨씨가 화재로 번지는 일이 있었다.
어느 평화로운 아침, 동생이 조금 굳은 목소리로 내게 물었다.
"언니, 최근에 건강보험 관련해서 바꾼 거 있어? 언니 이름으로 청구된 보험료가 왜 내 계좌에서 빠졌지?"

나는 의아하다는 듯 말했다.

"지난달에 신한은행으로 자동이체 계좌를 바꾸긴 했는데… 이상하네?!"

그 말에 동생은 약간 흥분된 목소리로 말했다.

"아니… 내 보험료는 이미 나갔는데 보니까 또 빠졌더라고. 왜 그런 거야?"

동생이 예민해졌다는 걸 느낀 나는 더 차분한 목소리와 살짝 미소를 지으며 말했다.

"내가 국민건강보험공단에 전화해볼게! 어떤상황인지 알아보자"

그리고 전화를 걸어 대기 중이었는데, 동생은 여전히 옆에서 왜 자기 계좌에서 돈이 나갔는지를 이야기 하고 있었다.

순간 짜증이 났다. 이미 내가 해결하려고 전화를 하고 있는데, 왜 이렇게 예민하게 반응할까 싶었다. 그래서 무심코 이렇게 말해버렸다.

"아니 근데, 왜 이렇게 심각하게 굴어?"

그 말이 기폭제가 되었다. 동생은 갑자기 더 감정적으로 반응했고, 마치 꼭 건드리지 말아야 할 걸 건드린 사람처럼 날카롭게 굴었다. 나도 참다 못해 같이 화를 냈다.

돌아보면, 동생은 단순히 돈이 빠져나간 상황이 답답했던 것이 아니라 그 일로 인해 느낀 불안한 자신의 마음을 진심으로 공감해주길 원했을 수도 있다. 그런데 나는 문제를 해결하는 데만 집중했고 그 마음을 충분히 헤아려주지 못했다. 결국, 건강보험료가 이중납부가 된 것이 문제가 아닌 이중납부된 상황에서 불안해진 동생의 마음을 진심으로 위로하지 못한 것이 문제였다.

관계는 논리로 해결되지 않는다. 오히려 때로는 문제를 해결하려 하기보다, 진심 어린 공감이 더 큰 힘이 된다. 보험료 문제는 잘 마무리됐지만, 동생의 마음엔 상처가 남았다. 결국 무엇이 중요했을까?

나도 과거에 엄마에게 감정적인 공감을 원했던 적이 있다. 퇴사 후 정말 힘들었던 적이 있었고, 그 때 가장 간절했던 건 엄마의 위로였다.

"힘들었겠네, 잘하고 있어"

이 짧은 말 한마디면 충분했는데, 돌아온 답은 해결책에 가까운 조언이었다.

나중에서야 엄마는 내가 더 약해질까봐, 일부러 위로하지 않으셨다는 걸 알게 되었다. 하지만 그때의 나는, 엄마의 말이 오히려 힘을 빼는 느낌이었다. 마치 내 안의 동력이 꺼져버린 것처럼 허탈했다.

이런 경험들을 겪으면서 알게 되었다. 사람이 약해졌을 때, 그 상태를 있는 그대로 바라보며 건네주는 위로의 말 한마디가 관계를 더욱 단단하게 만든다는 것을 말이다.

관계의 탄력성

　우리는 누구나 관계에서, 나처럼 문제를 해결하는 입장이 되기도 하고, 동생처럼 감정적인 공감을 바라는 입장이 되기도 한다.
　사랑하는 사람의 위로는 너무 소중하고 필요하다. 하지만 서로의 경험과 생각이 다르기 때문에, 항상 이상적인 위로를 바라는 건 현실적으로 어려운 일이다.
　지금의 나는, '힘들 때 나를 가장 위로해주는 사람은 누구인가'라는 질문에 이렇게 대답하고 싶다. "바로 나 자신" 내가 나를 가장 잘 이해하고, 있는 그대로 받아줄 수 있기 때문이다.
　물론 주변 사람들의 공감과 지지도 큰 힘이 되지만, 그게 전부는 아니다. 진짜 중요한 건, 내가 내 감정을 인정하고 위로할 수 있는 힘을 갖는 것. 그리고 누군가가 내게 감정적인 위로를 필요로 할 때 내 생각과 판단을 잠시 내려놓고, 그 감정을 그대로 받아들여줄 수 있는 여유다. 그게 바로 관계의 '탄력성'이고, 우리가 함께 건강하게 살아가기 위한 중요한 힘이 아닐까.

나도 모르는 구한한 세계를 끌어안기,
나마스떼

머리로 아는 것과 몸으로 경험하는 것

우리는 종종, 머리로 알고 있는 것을 실제로도 잘 안다고 착각하곤 한다. 처음 가보는 길을 한번에 찾아갔다고 해서 그 길을 안다고 말할 수 있을까? 네이버 지도로 미리 위치를 확인했다고 해서 실제 길을 완전히 이해한 건 아닐 것이다. 김치찌개를 몇 번 맛있게 만들었다고 해서, 늘 맛있게 만들 수 있다고 믿는 것도 비슷하다.

요가를 하면서도 그런 착각을 자주 경험한다. 익숙하다고 여긴 동작이 어느 날 낯설게 느껴지는 순간이 있다. 어느 날, 평소처럼 몸을 풀며 양손을 깍지 끼고 팔을 위로 뻗었는데, 이상하게 어색했다. 알고 보니 항상 왼손이 앞으로 오도록 깍지를 꼈던 내가, 그날은 오른손을 앞으로 꼈던 것이다. 손가락 하나의 위치가 바뀌었을 뿐인데 동작이 새롭게 느껴졌고, '어쩌면 나는 이 동작을 진짜로 알지 못했구나' 하는 생각이 들었다.

이처럼 이론적으로 안다고 해서, 또는 한두 번 겪어본 경험으로 그것을 '진짜로 안다'고 여기는 오류를 우리는 쉽게 범한다. 머리 속 지식이나 얕은 경험만으로는 진짜 배움을 대신할 수 없다.

○●
매 순간 무지함을 인정하기

요가 수업에 6개월 만에 다시 돌아온 두 분이 있었다. 친구로 보이는 두 아주머니 A와 B는 매 수업 전에 요가 매트를 나란히 깔고 앉아 요가 동작에 대해 대화를 나누곤 했다. 처음엔 A가 요가에 대해 더 많이 아는 듯 보였다. 동작 이름도 산스크리트어로 말하고, 자세에 대해 설명도 곧잘 했다. 반면 B는 "예전에 했던 동작인데 지금은 잘 모르겠다"고 말하며, 조심스럽게 따라 하기만 했다. 실제로도 그녀는 수업 중 알려주는 대로 열심히 따라 왔다.

그런데 몇 달이 지나고 나니, 눈에 띄게 달라진 건 B였다. A는 여전히 자신 있는 말투였지만, 몸은 예전 그대로였다. 반면 B

는 훨씬 부드럽고 안정적인 자세를 취할 수 있게 되었다. 늘 배운다는 마음으로 몸을 열고 있었기 때문이다. 배움은 많이 안다고 느끼는 순간 멈추고, 아직 모른다고 인정할 때 다시 시작된다. 다시 말해, 모르고 있다는 것을 인정하는 데서 진정한 배움이 시작되는 것이다.

이 경험은 나의 언어 공부에서도 비슷하게 반복되었다. 영어영문학을 전공했지만, 졸업 후엔 영어를 쓸 일이 거의 없었다. 다시 회화를 배우기 위해 전화 영어를 신청했지만, 예전에 배운 단어조차 제대로 떠오르지 않는 나 자신이 부끄럽고 답답했다. '내가 이 정도밖에 안되나?' 싶어 자괴감이 들면서 흥미를 잃었고 얼마 못 가 그만두고 말았다.

그런데 중국어를 배울 땐 달랐다. 처음부터 모른다고 생각했기에, 실수해도 괜찮았고, 과정 자체가 재미있었다. 그러다 보니 훨씬 빠르게 늘었고, 영어에 들였던 시간보다 더 짧은 시간안에 성취감을 느낄 수 있었다.

톰 소여의 모험을 쓴 마크 트웨인은 "우리가 곤경에 빠지는 건 뭔가를 몰라서가 아니라, 뭔가를 확실히 알고 있다고 착각하기 때문"이라고 말했다. 익숙한 동작을 반복하다 보면 '이제는 제대로 알고 있다.'는 착각에 빠지기 쉽다. 하지만 몸은 매일 조금씩 변하고, 한때 나에게 맞았던 방식이 지금은 맞지 않을 수 있다.

요가뿐 아니라 언어도, 관계도, 인생도 그렇다. '나는 안다'고 믿는 순간 우리는 질문하지 않고, 관찰하지 않으며, 시도하려 하지 않게 된다 그렇게 배움의 문은 조금씩 굳게 닫혀간다. 반대로 '아직 모르겠다'고 인정하는 순간, 마음은 다시 열리고 새로운 시선과 가능성이 들어온다.

○●
나마스떼, 존중과 겸손의 상징

요즘 나는 수업시간 외 일상에서도 자연스럽게 "나마스떼"라고 인사하는 습관이 생겼다. 두 손을 모아 상대에게 인사하는 인도의 일상적인 인사법으로, 상대를 향한 존중과 겸손의 표현이기도 하다. '나마스떼(Namaste)'는 산스크리트어로, 나마(Nama)는 "경배하다, 존경하다"를 뜻하고, 스떼(ste)는 "당신에게"라는 의미가 있다.

우리는 누군가를 '안다'고 쉽게 단정짓는 순간, 그 사람의 무한한 세계를 닫아버릴 수도 있다. 관계에서도 우리는 잘 모른다는 겸손한 마음이 필요하다. 시인 류시화는 "한 존재를 아는 것은 한 세계를 끌어안는 일이고, 누군가를 사랑한다는 것은 내가 모르는 그 무한한 세계를 사랑하는 것"이라고 말했다.

나는 동생과 오랜 시간 함께 살아왔다. 때로는 서로의 생활 방식이 달라 다투기도 했고, 답답함을 느낄 때도 많았다. 하지만 요즘은 "너는 그렇구나, 나는 이런데" 하고 서로의 다름을 받아들이려 한다. 완전히 이해할 수는 없지만, 서로를 있는 그대로 존중하려는 그 마음이 관계를 더 따뜻하게 만든다.

  결국, '나마스떼'는 단순한 인사가 아니다. 그것은 우리가 서로의 다름과 깊이를 이해하려는 노력, 끝없이 확정되는 타인의 세계 앞에서 멈춰 서는 태도, 그리고 판단보다는 존중을 선택하는 삶의 자세를 뜻한다. 우리는 각자의 방식으로 살아가고, 각자의 속도로 배워간다. 그래서 더더욱 조심스럽게, 열린 마음으로 서로를 바라볼 필요가 있다.

  모든 것을 이해하지 못해도, 이해하려는 마음을 잃지 않는 것, 그것이 우리가 서로를 존중하며 함께 살아가는 길이 아닐까.

  오늘도 나는, 그런 마음으로 당신에게 인사한다.
"나마스떼!"

귀와 어깨는
멀어지게

"귀와 어깨를 멀리 두세요."

운동 수업에 참가한 사람이라면 한 번쯤은 들어봤을 말이다.

요가나 필라테스, 헬스 등 몸의 정렬을 중요하게 다루는 운동에서는 이 말이 기본처럼 따라온다.

귀와 어깨를 연결하는 '견갑거근', 흔히 어깨올림근이라고 불리는 이 근육은 어깨를 으쓱 할 때 사용된다. 이 근육이 과하게 긴장되면 누구나 한 번쯤 경험했을 목과 어깨의 뻐근함이 찾아온다.

잠잘 때 머리 위로 올리거나, 무거운 가방을 메거나, 구부정한 자세로 컴퓨터를 할 때 이 근육은 긴장 상태로 굳어간다. 그렇게 긴장이 쌓이면 목과 어깨 주변이 뻐근해지고, 결국엔 통증으로 이어진다.

요가 수업에서 '업독(우트드바 무카 스바나아사나)'을 할 때도 이런 오류가 자주 발생한다. 등을 조여야 하는 순간에 어깨에 힘이 들어가면서 귀 쪽으로 올라간다. 그 결과, 목과 어깨에 무리가 가면서 숨이 가빠지고 자세를 더 이상 유지하기 어려워진다.

어깨 주변이 부드럽게 열릴 때 비로소 호흡도 깊어지고 여유가 생긴다. 반대로 어깨가 닫혀 있으면 호흡이 벅차게 되면서 심리적으로도 조급한 마음을 갖게 한다.

○●
관계에 거리감이 필요할 때

단순히 보면 귀와 어깨가 가까워질수록 어깨 통증을 유발한다고 말할 수 있다. 호흡과 혈액의 흐름이 막혀 탁한 몸과 마음 상태를 만들기도 한다. 이는 귀와 어깨의 거리감이 있을 때 몸과 마음의 안정적인 관계가 형성된다는 뜻이다.

이 원리는 인간관계에서도 그대로 적용된다. 사람과 사람 사이도 거리가 지나치게 가까우면 마음이 지치게 된다. 관계에 거리가 필요한 이유다.

가까워야 좋은 관계라고 믿는 사람들이 많지만, 오히려 적당한 간격이 있을 때 더 오래 간다. 거리감이 필요한 관계를 지속적으로 또는 습관적으로 가까이 두다 보면 삶에 통증이 생기는 시기가 찾아올 수 있다. 어깨의 통증처럼 말이다.

거리감이 필요한 관계는 서로를 힘들게 하거나, 한쪽만 감정을 소비하는 사이를 말한다. 바로 마음의 통증을 유발하는 관계를 뜻한다. 심리적으로 불편함을 유발하는 관계는, 대부분 거리가 지나치게 가까워져서 생긴다. 이럴 땐 무작정 관계를 끊기보다는 먼저 거리부터 조절해야 한다. 모든 관계가 단절의 대상은 아니다. 특히 가족이나 오랜 친구처럼 끊기 어려운 관계라면 더욱 그렇다.

귀와 어깨가 멀어져야 더욱 편안한 몸과 마음이 되는 것처럼, 사람과 사람의 관계에서도 우선 자신의 위치에서 역할을 다하면서 적정한 거리를 지킬 때, 그 관계는 무겁지 않고 즐겁고 편해진다. 가볍고 편한 사이를 유지하기 위해서는 서로의 삶에 너무 개입하지 않는 것이 필요하다.

나는 대학교 시절, 춤 동아리에서 만난 친구들과 지금까지도 좋은 관계를 유지하고 있다. 모임의 이름은 'Zaah'로, 맏이인 친구의 이름을 따서 만들었으며, 총 7명이 함께하고 있다. 15년이 훌쩍 넘었지만 여전히 매년 두세 번은 꾸준히 만나고 있다. 나이가 들어가면서도 모임이 깨지지 않고 유지되는 것이 쉽지 않은 일이라며 주변으로부터 부러움을 받곤 한다.

모임이 오래가는 이유는 단순하다. 서로의 사생활에 깊이 개입하지 않기 때문이다. 좋은 일이 생기면 함께 기뻐하고, 어려운 일이나 고민이 있으면 모두 제 일처럼 신경 써준다. 하지만 누구도 상대에게 기대거나 간섭하지 않는다. 너무 가깝지도, 그렇다고 너무 멀지도 않은 관계를 유지하고 있다.

　가장 독특한 점은 우리 모두가 각자의 개성이 강하고 성격도 다르지만, 서로를 판단하지 않고 있는 그대로 이해하고 존중하는 자세로 지내왔다는 것이다. 그야말로 귀와 어깨의 관계라고 할 수 있겠다. 이런 관계의 태도야 말로 오래갈 만남에서 가장 필요한 자세가 아닐지 싶다.

인간관계의 건강한 거리

　건강한 관계를 만들기 위해서는 귀와 어깨의 거리처럼 사람 사이의 거리도 가만히 들여다볼 필요가 있다. 너무 가까워져 버거워졌다면 잠시 물러서그, 너무 멀어져 소원해졌다면 조금씩 다시 다가가야 한다. 중요한 건 그 거리의 기준이 서로를 향한 솔직한 마음에서 비롯되어야 한다는 점이다.

　우리는 종종 '거리가 가까워야 진정한 관계'라고 생각한다. 하지만 아무런 기준 없이 가까워지면 관계는 쉽게 뒤엉기고 숨이 막힐 수 있다. 거리 없이 구조건 가까운 관계는 부담이 되기 쉽다.

　귀와 어깨사이의 간격이 몸의 균형을 잡듯, 사람 사이의 적절한 간격은 관계의 균형을 만들어준다. 서로를 깊이 이해하고 존중하되, 필요 이상으로 개입하지 않고 각자의 삶을 존중하는 자세가 관계를 더 단단하게 만든다.

　물론 모든 관계가 멀어져야 좋은 것은 아니다. 때로는 충분히 가까워져야 더 깊은 신뢰와 애정이 자라난다. 중요한 건 가까움 속에도 여백이 있고, 거리감 속에도 따뜻함이 있다는 사실을 잊지 않는 것이다.

　서로에게 맞는 거리는 정해진 공식이 있는 게 아니다. 솔직한 대화를 통해 찾고, 함께 경험하며 조율해 나가야한다. 수축과 이완의 타협점은 누가 가르쳐준다고 해서 되는 것이 아니라 스스로 경험하고 느껴볼 수밖에 없다. 마치 스트레칭을 하며 몸이 뻣뻣함을 느끼고, 근력운동을 하며 느슨했던 부분을 채워나가듯, 관계도 그런 과정을 통해 더 건강해질 수 있다.

　나 역시 대화하고 감정을 나누며 나와 상대에게 가장 편안한 간격을 찾기 위해 노력한다. 그 시간이 쌓일수록 관계는 무거워지지 않고, 오히려 깊으면서 편안한 상태로 오래간다.

　귀와 어깨의 간격이 몸을 편하게 하듯, 사람 사이에도 그런 여유로운 간격이 필요하다. 가깝지만 부담스럽지 않고, 멀지만 소외되지 않는 거리를 유지하는 관계가 결국 오래 살아남는다.

"
무엇을 위해 바쁜지, 무엇을 지키고 싶으며,
무엇을 두려워하기에 자신을 바쁜 상황으로 내몰고 있는지를
스스로에게 물어보자.

생각보다 여유를 가져도 괜찮은 것들이 많다.
때론 자신을 바쁘게 통제하려는 마음을 내려놓았을 때
오히려 이전에는 경험하지 못했던 강력한 힘,
오히려 잘 흘러가는 상황들,
어려움을 바라보는 내면의 자신감 등을 발견할 수 있다.
"

3부

감정의 선택:
머물 것인가, 나갈 것인가

여유로운 아침의
비밀

서울 서초구 반포에 있는 요가원으로 출근할 때의 일이다. 그날 아침에도 어김없이 7시 10분에 일어나 간단히 세수를 한 후 선크림만 바르고 7시 30분에 집을 나섰다. 집을 나서자마자 평소처럼 약수에서 반포로 한 번에 가는 142번 버스가 몇 분 뒤에 도착하는지 스마트폰으로 확인했다.

네이버 지도 앱을 자주 사용하는데, 이 앱은 버스 도착 시간을 실시간으로 알려준다. 확인해 보니 다음 버스는 2분 뒤에 오고, 그다음 버스는 10분 뒤에 온다고 표시되어 있었다. 집에서 버스 정류장까지 걸으면 3분, 뛰면 1분 정도 걸리기에 다음 버스를 타기 위해서는 뛰어야 했다. (나는 순간 달리기가 빠른 편이다.)

평소 같았으면 냅다 뛰었겠지만, 그날따라 뛰고 싶지 않았고, 솔직히 뛸 힘도 없었다. '다음 버스는 10분 뒤에 오니까 기다려야 하는데… 그냥 지금 뛸까?' 고민에 잠겼다. 어제도 열심히 일하느라 하루 종일 바쁘게 지냈는데, 오늘도 뛰면서 하루를 시작하려니 뭔가 쫓기는 기분이 들었다.

'그래, 에너지를 아끼자.'

나는 다음 버스를 타기로 하고 다시 천천히 걷기 시작했다. 아침 9시에 수업이 시작되지만, 나는 늘 1시간 일찍 도착해서 몸을 푸는 습관을 2년째 지키고 있다. 이 습관은 내 인생에서 몇 안 되는, 흐트러지지 않고 지키는 중요한 습관 중 하나이다. 나를 위해서도, 나를 찾아주는 회원들을 위해서도 준비되지 않은 상태로 수업하고 싶진 않기 때문이다.

그날도 출근 시간이 충분했지만, 일찍 가서 몸을 풀어야 한다는 강박이 버스 정류장까지 뛰어가게 하려는 조급함을 만들어 냈다. 그러나 다행히도 쫓기고 싶지 않은 마음 덕분에 여유 있는 아침으로 만들어 갈 수 있었다.

평소 같으면 버스 정류장까지 앞만 보고 빠르게 걸어가던 길을 천천히 걸어보게 되었다. 그러다 보니 자연스럽게 동네를 더 세심하게 살펴보게 되었고, 이전에는 몰랐던 것들을 하나씩 발견하게 되었다.

항상 스쳐 지나가기만 했던 골목 끝, 꼬마빌딩 1층에는 작은 슈퍼가 하나 있었다. 외관이 어둡고 간판조차 없어, 그동안 장사를 하고 있는 줄도 몰랐다. 시골에서 자전거를 타고 읍내까지 나가야 겨우 하나 보일 듯한, 촌스러운 외관의 슈퍼마켓이 떠올랐다.

문득 무엇을 파는 곳일까 궁금해져 문밖에서 안을 들여다보니, 식용유, 고추장, 담배, 생수 같은 생필품들이 간소하게 진열되어 있었다. 물건을 어떻게든 채워 넣은 듯한 정리 방식도 어딘가 오래되고 소박해 보였다.

'근처에 큰 마트도 있는데, 여기 장사는 잘 될까?'

잠시 그런 생각을 하며 조용히 발걸음을 옮겼다.

좁은 골목을 벗어나니 차들이 빠르게 지나가며 떠들썩한 소음을 만들어냈다. 곧이어 '공무수행'이라고 적힌 트럭을 타고, 전봇대에 꽂혀 있는 꽃에 호스로 물을 주는 아저씨의 모습을 보았다. 전봇대에 꽂혀 있는 화려한 꽃도 시선을 끌었지만, 전봇대에 어떻게 꽃을 꽂았는지가 신기했다. 태어나 처음 보는 새로운 구경거리였다.

이후 엄마와 통화하면서 전봇대에 꽃을 심어 꾸며 놓은 것을 봤다고 자랑했더니, 엄마는 뭘 그런 걸 가지고 신기해하냐는 듯 웃으셨다. 그날 그렇게 천천히 걷지 않았다면 어쩌면 평생 모르고 넘어갔을 수도 있다.

여유로운 걸음으로 버스 정류장에 도착했다. 그리고 바로 전광판을 확인했다.

'이게 무슨 일인가?'

내가 타야 할 142번 버스가 곧 도착한다고 떠 있었다. 조금 전 집 앞에서 확인한 도착 시간을 계산했을 때는 7분 정도 기다려야 하는 게 맞았다. 그런데 142번 버스가 멀리서 내가 서 있는 정류장을 향해 달려오고 있었다. 다시 스마트폰을 확인해 보니, 평소 네이버 지도에 자주 가는 경로 2개를 MY경로로 설정해 놓았는데, 다른 하나의 452번 버스 시간표를 142번으로 착각한 것이었다.

의도치 않았지만 천천히 걸으면서도 평소와 똑같은 시간인 7시 36분에 버스를 탔다. 같은 시간 같은 길이었지만, 빠르게 걸어서 잠시 기다렸다가 버스를 타는 것과 느긋하게 걸어서 바로 버스를 타는 것의 차이는 확실했다. 마음과 몸의 여유로움이 달랐다. 출근길의 여유로움이 수업에 오시는 회원들의 삶에 더욱 깊이 관심을 가지게 하는 여유로 이어졌다. 덕분에 더욱 건강한 웃음으로 화기애애한 하루를 보낼 수 있었다. 사소한 경험이었지만, 여유로운 아침이 여유로운 마음을 만들고, 나의 일터에서의 여유까지 연결되는 값진 깨달음이었다.

우리는 더 나은 미래를 위해 더 잘 살아보기 위해 다양한 준비들을 한다. 심지어 우리가 속해있는 사회가 고도의 성취를 요구하고 늘 미리 준비해야라는 것이 옳은 것처럼 분위기를 몰아가기도 한다. 시간을 빠듯하게 쪼개 쓰면서 그 계획에 나를 통제하며, 예비하며 살아가는 현대사회에서 여유를 가져보라는 자세는 그다지 환영받지 못할 말일 수 있다. '바빠죽겠는데 무슨 여유 타령하는가' 라며 반응하는 이들도 있겠다.

무엇을 두려워하기에 자신을 바쁜 상황으로 내몰고 있는지를 스스로에게 물어보자. 생각보다 여유를 가져도 괜찮은 것들이 많다. 때론 자신을 바쁘게 통제하려는 마음을 내려놓았을 때 발견할 수 있는 것들이 의외로 많다는 걸 깨닫게 될 것이다.

나를 행복하게 했던
바람

친구들과 펜션에 놀러갔을 때 일이다. 그날 저녁 설거지 당번이었던 친구가 조리용 팬에 묻은 삼겹살 기름을 제거하지 않고 바로 수세미로 닦는 것을 보았다. 엄청난 양의 돼지기름 덩어리가 하얗게 굳어버린 채 수세미에 그대로 옮겨 묻은 것이다. 나는 속으로 경악했다. 그는 다른 접시나 수저를 수세미질 할 때도 수세미에 묻어난 고기기름 때문에 여전히 미끄럽고 잘 씻겨지지 않아 애를 먹고 있었다.

기름이 굳어 있다는 사실을 알아차리고, 다른 곳에 묻기 전에 키친타올로 미리 닦아냈더라면, 기름기가 퍼지면서 싱크대가 더러워지거나 접시를 여러 번 헹궈야 하는 수고는 덜 수 있었을 것이다.

스트레스를 다루는 방식도 이와 비슷하다. 기름때를 제때 닦아내지 않으면 쉽게 퍼지고 잘 지워지지 않듯, 스트레스도 적절한 시기에 해소하지 않으면 마음에 오래 남아, 결국 더 많은 시간과 노력을 들여야 한다.

인간에게 스트레스가 없는 삶이 오히려 이상할 정도로 우리는 매일 알게 모르게 스트레스를 받으며 살아간다. 매일 받는 만큼 스트레스를 풀어주는 것이 매우 중요하다.

나만의 스트레스 해소법을 점검하라

하루 종일 일과 사람에 지쳐 피곤할 때면, 바로 집으로 돌아가 쉬기보다는 바람을 맞으러 산책을 하러 나가곤 했다. 바람이 불지 않는 날이면 가벼운 러닝이나 자전거를 탔다. 유산소운동을 하면서 심장박동수가 빨라지는 느낌을 좋아하기도 했지만, 자전거를 타는 진짜 이유는 속도가 빠를 때 생기는 바람을 맞고 싶었기 때문이다.

내 귓볼을 스쳐 지나가는 바람은 내 머리를 찰랑거리게 하며, 머리에 쌓인 두통을 가져가 주고, 명치의 답답함을 씻어줬다. 애니메이션 〈날아라 호빵맨〉의 주인공인 호빵맨이 얼굴이 손상되었을 때, 잼 아저씨가 새 얼굴로 교체하면서 다시 새 힘을 얻는 것처럼, 나도 심장 가득 바람을 시원하게 맞고 나면 컨디션이 회복되는 듯했다. 여담이지만, 친구들과 스트레스 해소법에 대해 나누던 중 "나는 바람을 맞는 것이야"라고 했더니, 남녀간의 바람 맞는 것으로 오해한 친구들의 놀림이 아직도 기억에 남는다.

어느 날, 회사에서 세금 계산 문제로 10시가 넘어서까지 야근을 할 때였다. 전산 작업 중 실수를 하게 되어 경위서까지 쓰느라 몸과 마음이 매우 지친 상태였다. 그날도 마찬가지로 퇴근 후 집에 가자마자 편한 옷으로 갈아입고 근처 보라매공원에 바람을 맞으러 갔다.

그날의 바람은 묵직하고 강하게 느껴졌다. "나의 무거운 몸과 마음에 걸맞은 강한 바람으로 나를 위로해주는구나"라고 생각하며 감사함도 느꼈다. 벤치에 앉아 한참을 멍하니 있다가, 바람이 묵직하다 못해 억세고 요란해져서 더 이상 앉아 있을 수가 없었다. 자정이 넘어서야 집에 돌아온 나는 그날 맞은 바람이 태풍이었다는 사실을 뉴스를 통해 알게 되었다. 결국 나는 1시간가량 맞은 태풍 때문에 몸살이 나서 다음 날 반차까지 써야 했다.

○●
올바른 스트레스 해소법이란

스트레스를 받으면 그것에 대한 보상을 받으려는 심리가 생긴다. 그래서 우린 배민 앱을 켜서 매운 마라탕을 시켜 먹거나 술을 마심으로써 기분을 전환한다. 또는, 평소 필요하지 않았던 물품을 충동적으로 구매하거나, 코인노래방에 가서 목이 나가라

몇 시간씩 노래를 부르기도 한다. 스트레스를 해소하자는 명목으로 말이다.

그런데 스트레스 때문에 밤늦게 매운 마라탕을 먹음으로 밤새 화장실을 들락날락하느라 한숨도 못 잔다던가, 속이 답답하여 노래방에서 소리를 장시간 지르다 성대에 무리를 주었다면 과연 결과론적으로 스트레스를 잘 해소했다고 할 수 있을까. 자신만의 스트레스 해소법이 상황에 맞지 않거나 힐링이 아닌 오히려 몸에 피로감을 주었다면 더 큰 스트레스로 되돌아올 수 있다. 스트레스를 푸는 것도 적절하고 적합한 방법이 필요하겠다.

우리가 스트레스를 받을 때 그 스트레스를 해소하거나 풀기위해서 하는 행동들이 있다. 그 행동을 함으로써 일시적인 스트레스를 해결할 수는 있지만 완전한 해결은 아니다. 생각보다 우리가 받는 스트레스의 원천을 제대로 아는 것만으로도 절반은 해소할 수 있지 않을까 싶다.

불안함을
불안해하다

코로나 19가 유행하기 시작했을 때, 국민들은 물론 전 세계 사람들이 두려움에 사로잡혔다. 코로나에 걸렸을 때 바이러스가 어디서 옮겨졌는지 증상은 어느 정도인지 전혀 예측할 수 없었던 당시의 두려움이 우리를 지배했던 것이 기억난다.

이런 두려움은 한 번 경험을 해보거나 예비책을 잘 마련하면 금방 사라지기도 한다. 3년이 지난 현재 시점에서 우리의 반응을 비교해보면 확실히 차이가 있다. 코로나 발병 불안함에 떨던 우리는 이제 스쳐 지나가는 감기처럼 코로나를 받아들이고 있다.

코로나와 같은 외부 요인으로 인한 불안은 사실 우리 일상에 그리 크거나 자주 발생하지 않는다. 우리가 자주 느끼는 불안의 대부분은 외부가 아니라 내부에서 비롯된다. "내일 면접 떨어지면 어쩌지?", "부장님이 시키신 거 거절하고 싶은데 어쩌지?", "회사 그만두면 부모님이 어떻게 생각하실까?" 사실 면접, 거절, 퇴사 자체가 나를 불안하게 만드는 것이 아니라, 그 상황에서 다른 사람들의 시선이 나를 불안하게 만든다.

고대 그리스 로마 철학자인 에픽테토스는 "사람들은 사물 그 자체로 불안해하지 않고, 그 사물에 대한 견해로 불안해한다"고 말했다. 이는 우리가 실제 사건보다 그것에 대한 우리의 해석이나 생각 때문에 불안해진다는 것을 의미한다. 이러한 철학적 명언은 불안의 근원이 우리 내면에 있음을 강조한다.

요가 코칭을 시작하면서 더 다양한 동작들을 연구하기 위해 헬스도 다니고, 주말마다 5km씩 뛰며, 낮에는 요가 수련을 2시간씩 했던 시기가 있었다. 육체를 많이 사용한 만큼 에너지를 채우기 위해 하루에 약 3000kcal이상씩 섭취하곤 했다. 저녁 늦게까지 수업을 하다보니 밤11시에 퇴근해서 집에 오면 배고픔을 이기지 못하고 야식을 먹는 날도 잦았다. 식단을 조절하지 않으면서 운동량도 많으니 나의 몸집은 더 커지게 되었다. 그러다 뱃살까지 볼록 튀어나오게 되었다. '요가 강사가 뱃살이라니…' 너무 창피한 일이라 여겨졌다. 바카아사나(Bakasana)와 같이 손으로 체중을 받쳐야하는 동작이나 물구나무서기 등 거꾸로 서는 동작도 전보다 어렵게 느껴졌다.

매번 잘할 수 없다고 스스로 위로하곤 하지만, 이전보다 무거워진 몸으로 인해 잘한다고 생각했던 것들이 어렵게 느껴지면서 조금씩 불안함을 느끼기 시작했다. 정확히 말하면, 회원님들의 나를 향한 신뢰와 사랑이 실망과 비판으로 바뀌지 않을까 불안했었다.

  이 불안함은 뱃살을 도드라지게 보여주는 상체를 숙이는 동작들은 웬만해서는 보여주지 않으려는 행동으로 이어졌다. 심지어 죄송한 마음까지 들어 더 좋은 수업으로 보상하기 위해 요가 수업에 도움이 될 만한 자격증 공부에도 매진했다. 실상 그 자격증 공부는 공부 그 자체에 대한 목적보다 나의 죄책감이 만들어 낸 행위라는 것을 알면서도, 나는 죄책감을 없애기 위한 목적으로의 공부를 지속했었다.

  또한 수업에 빈틈이 없도록 완벽한 틀 안에서 진행하기 위해 최소 3시간 전에는 수업을 준비하려는 굴레에 나를 집어넣기도 했다. (지금은 1시간으로 줄었다.) 몸이 편치 않을 때에도 미리 준비하지 않으면 불안해했다. 그렇게 나는 불안함을 더욱 불안해하며 나를 엄격하게 몰아붙였다.

○●
인기있는 J선생님의 태도

  어느 날 같은 센터에 인기가 정말 많으신 J선생님을 한 번도 뵙지 못했다가 우연히 보게 된 적이 있었다. 순간 내 눈을 의심했다. 뱃살이 꽤 있으셨는데 상체를 조이는 브라탑을 입고 계셨고 배가 훤히 보였다. 그분은 자신감이 넘치셨고 자신의 수업에 자부심을 가지고 계셨다. 오히려 다이어트 때문에 고민하시는 회원들의 마음을 더 공감해주면서 자신의 뱃살을 소재로 꺼내기도 했다.

회원들 앞에서 자신의 요가복 사이로 튀어나온 뱃살을 전혀 두려워하지 않으셨다. J선생님의 수업은 늘 정원이 꽉 찼고 대기 예약자까지 있었다. 그 인기의 비결은 몸매에서 나오는 게 아닌 타인의 시선으로부터 자유로움과 요가를 가르치는 자체를 즐기는 데서 나오는 것이었다.

내가 요가를 시작한 이유 역시, 요가를 가르치는 과정에서 회원들이 몸과 마음의 고통에서 벗어나는 것을 볼 수 있다는 것이 좋았기 때문이다. 내가 요가 강사를 시작한 가장 결정적인 이유는, 나로 인해 사람들이 행복해하는 것을 보기 위함이었다.

초심으로 돌아가기로 했다. 그러자 뱃살을 드러내는 것에 대한 두려움은 점점 사라졌고, 나의 몸을 관리하는 방법과 수업 방식 또한 바뀌어갔다. 당연히 수업에 대한 만족도는 높아지게 되었다. 사람들의 눈을 의식했던 마음으로 인한 불안감은 점점 사라져갔다.

철칙으로 여겼던 '3시간 미리 수업 준비하기'의 강박에서 벗어나게 되었고, 도리어 3시간 일찍 준비했을 때보다 그날 몸의 상태에 맞춰 유연하게 준비했을 때가 수업에 더 집중할수 있었다. 결과적으로 회원들과 나에게 더 큰 만족을 주는 수업이 되었다.

스티브 잡스는 "당신의 시간은 한정되어 있다. 그러니 다른 사람의 인생을 사느라 시간을 낭비하지 마라." 라고 말했다. 이는 우리가 타인의 시선과 기대에 매달리지 말고, 자신의 길을 가야 한다는 의미이다.

사람들은 누군가에게 기대도 하고 실망도 한다. 이러한 기대와 실망은 우리의 불안함을 더욱 키우며, 더 많은 노력을 기울이게 만든다. 이러한 불안감에서 벗어나기 위해서는 자신의 상태를 제대로 인지하고, 타인의 인정을 구하려는 노력을 멈추는 것이 중요하다. 자신을 존중하고 자신의 가치를 스스로 인정하며, 타인의 시선에서 벗어나 자유로워지는 것이 필요하다. 이는 단순히 불안감을 줄이는 것만이 아니라 더 나은 삶을 위한 첫걸음이 될 것이다.

움츠린 어깨를
내리고

 어깨를 움츠리게 하는 상황은 우리 일상에 가깝게, 그리고 자주 찾아온다.

 매서운 바람이 불 때면 어깨를 자연스레 올려 찬 기운이 옷 사이로 들어오지 않도록 한다. 어릴 적, 추위를 많이 타는 우리 아버지는 겨울철 길을 걸을 때마다 어깨를 귀에 붙일 정도로 올리고 빠르게 걸으셨다. 동생과 나는 그런 아버지를 따라가기 바빴다.

 이처럼 어깨를 움츠리는 모습은 추운 날씨에만 국한되지 않는다. 출근길 지하철이나 버스 안에서도 쉽게 볼 수 있다. 지친 얼굴로 고개를 숙이고 스마트폰 화면을 들여다보는 사람들이 대부분이다. 몇몇 사람들은 걸음을 빨리 재촉하며 걷다가 머리와 어깨가 발보다 더 앞으로 쏠린 자세를 취하기도 한다. 그들의 목표는 분명하다.

'늦지 말아야 해.'

그 마음 때문에 고개는 점점 아래로 향하고, 어깨는 더 움츠러든다. 고개를 오랫동안 숙이거나, 무의식적으로 목을 내미는 상태가 지속되면 어깨 근육이 점차 경직되면서 저절로 어깨가 올라간다. 그리고 우리는 다시 힘이 들어간 어깨로 하루를 시작하게 된다.

이러한 신체적 반응은 단순히 추위나 급한 상황 때문만은 아니다. 긴장과 불안이 마음을 채울 때, 몸은 먼저 신호를 보낸다. 나는 요가 수업을 진행하면서 이러한 긴장을 자주 목격한다. 예를 들어, 상체를 숙이는 '파스치모타나사나'(paschimottanasana) 자세에서 많은 회원들이 어깨를 '으쓱' 올리는 모습을 보곤 한다. 이 동작은 단순히 상체를 앞으로 숙이는 것처럼 보이지만, 실은 하체 후면부 근육인 엉덩이와 허벅지 뒤쪽 근육이 늘어나면서 상체가 자연스럽게 숙여지는 자세다. 그러나 하체가 충분히 풀리지 않은 상태에서 무리하게 상체를 앞으로 밀어내려 하면, 턱이 들리며 얼굴이 먼저 앞으로 나가고, 어깨는 귀에 붙을 정도로 올라가게 된다.

그렇다면 어깨가 올라간다는 것은 무엇을 의미할까? 이는 단순히 몸의 반응일 수도 있지만, 심리적으로 긴장하고 있음을 알리는 신호이기도 하다. 우리가 무언가에 대해 두려움을 느끼거나, 불안함에 사로잡히면 몸은 이를 가장 먼저 감지하고 반응한다. 신체는 우리의 감정을 몸으로 표현하는 거울과 같다. 추위에 대한 방어 반응이든, 머리를 무리하게 앞으로 내미는 습관이든, 우리의 몸이 보내는 작은 신호들은 마음 속 긴장과 직결될 수 있다.

어깨가 오랫동안 움츠러진 상태로 지속되면 문제는 더 심각해진다. 어깨 주변으로 혈액 순환이 제대로 이루어지지 않아 통증이 발생할 수 있으며, 이 통증은 결국 우리의 평화로운 일상을 위협할 수 있다.

통증은 몸의 신호

어깨가 심하게 굽고 척추까지 틀어진 상태로 요가원에 찾아온 여성 회원이 있었다. 그녀의 어깨를 만져보니 마치 돌덩이처럼 딱딱하게 굳어 있었고, 손으로 한 번에 어깨를 감싸기 어려울 정도였다.

"통증이 심하지 않으셨나요?"라고 묻자, 그녀는 작년부터 약간의 통증을 느꼈지만, 바쁘게 일하느라 자신의 몸이 굳어가는 것을 미처 알아차리지 못했다고 답했다. 우리가 바쁘게 일상을 살아가다 보면, 몸이 불균형해지거나 긴장 상태에 있다는 사실을 쉽게 놓치게 된다.

스트레스가 쌓이고 몸에 무리가 갈 때, 우리의 몸은 통증을 통해 적신호를 보낸다. 하지만 그 신호를 무시하고 방치한다면, 결국 심각한 결과를 초래할 수 있다. 통증이란 단순한 불편함이 아니라, 우리가 무언가를 잘못하고 있다고 알려주는 신호다. 이 여성 회원은 다행히 그 신호를 바로 알아차리고, 요가를 통해 몸을 다시 점검하려는 결심을 했다.

종종 '어깨의 긴장을 풀고, 아래로 내리세요' 라고 말하지만 여전히 어깨를 움츠린 상태로 있는 회원들을 발견하곤 한다. 이런 경우, 대부분 자신이 어깨를 긴장시키고 있다는 사실조차 인식하지 못하고 있다. 강사의 말을 들을 여유가 없을 정도로 고통스러운 상태거나, 또는 스스로 어깨가 올라가 있다는 사실을 아예 인지하지 못할 정도로 집중하지 못하고 있음이 분명하다.

○●
어깨와 마음이 만나다

이럴 때, 나는 조용히 다가가 회원의 어깨에 손을 대고 살짝 아래로 내려준다. 그러면 비로소 회원은 자신의 어깨가 얼마나 긴장되어 있었는지 깨닫고, 어깨를 조금 더 편안하게 내려놓게 된다. 이처럼 어깨를 내려놓는 작은 움직임이지만, 그것이 자신의 상태를 더 명확히 인식하는 첫 걸음이 된다. 그리고 자신이 하는 동작에 더 집중하며, 몸과 마음의 상태를 조율할 수 있게 된다.

사실 어깨를 움츠리는 상황을 완전히 피할 수는 없다. 날씨나 상황을 우리 마음대로 바꿀 수 없는 것과 같다. 그러나 중요한 것은 어깨가 움츠러들고 있다는 사실을 스스로 인식하는 것이다. 그 순간 우리는 단지 몸의 긴장만이 아니라 마음의 긴장까지도 깨닫게 된다. 긴장된 어깨를 내려놓고 몸과 마음의 균형을 맞추는 것이 바로 요가가 지향하는 본질이다.

나는 요가를 가르치는 사람이지만 때로 어깨를 움츠릴 때가 분명히 있다. 바쁜 일상에서 벗어나지 못할 때, 또는 중요한 일을 앞두고 긴장할 때, 어깨는 자연스럽게 올라가고 근육이 경직된다. 그러나 지금의 나는 이전과 다른 점이 있다. 그 순간을 빠르게 인식하고, 어깨를 내려놓으려 한다는 것이다. 걷다가 어깨가 올라간 것을 깨달으면, '아, 내가 너무 서두르고 있구나' 하고 알아차린다. 이 글을 쓰는 지금, 나도 모르게 어깨가 움츠려져 있음을 순간 느낀다. 그러면 나는 '아, 글을 잘 쓰려고 긴장하고 있구나' 하며 나 자신을 다독인다.

몸과 마음의 긴장을 발견하고 풀어가는 과정은 우리가 진정으로 건강하고 평화로운 삶을 살아가는 데 중요한 열쇠가 될 것이다. 어깨를 움츠리지 않고 긴장을 내려놓는 연습을 통해, 우리는 일상속에서 조금 더 자유롭고 여유 있는 삶을 살아갈 수 있으며, 이러한 작은 실천들이 결국 우리의 몸과 마음을 더욱 조화롭게 만들어 준다.

내가 요가를 하는 이유

동생이 패션 모델로 활동하던 시절이 있었다. 그 당시 그녀는 바나나와 디톡스 음료로 식사를 대신하곤 했다. 그 모습을 보면 항상 안쓰러운 마음이 들어, 촬영이 끝나면 보상이라도 하듯 평소 좋아하던 분식집에 데려가 떡볶이와 어묵을 사주었다. 하지만 예상과는 다르게, 다음 날 동생은 속이 탈이 나고 얼굴에 뽀루지가 돋았다. 평소 자극적인 음식을 거의 먹지 않던 그녀의 몸이 갑작스러운 자극을 즉각적으로 받아들인 것이다.

반면, 나는 같은 음식을 먹었지만 아무런 문제가 없었다. 이유는 간단했다. 나는 맵고 짠 음식을 평소에도 자주 먹었기에 내 몸이 자극에 둔감해져 있었던 것이다. 그 순간, 몸에 대한 걱정이 들었다. 자극에 무감각해진 내 몸이 중요한 신호를 보내더라도 나는 그것을 느끼지 못하는 것이 아닐까? 몸의 자극에 둔감해진다는 것은 그만큼 몸의 변화를 알아차리지 못할 수도 있다는 생각이 들었다.

내 몸을 바라보는 새로운 시선

당시 나는 요가를 접하지 않았던 시기라, 몸의 감각에 둔감한 편이었다. 다리를 찢거나 상체를 뒤로 젖히는 자세가 잘되지 않으면, 단순히 '몸이 굳었다'고만 생각했다. 어느 부위가 굳어 있는지, 또는 왜 굳었는지에 대해 깊이 고민하지 않았다. 그저 내 몸이 유연하지 않다고 느꼈다.

하지만 요가를 시작하고 나서는 몸에 대한 민감도가 완전히 달라졌다. 매일 요가 수련을 하고 가르치면서, 내 몸의 작은 변화도 금방 알아차리게 되었다. 예를 들어, "오늘은 어제보다 가슴이 더 열려 있네", "왼쪽으로 다리를 꼬고 앉아 있어서 왼쪽 엉덩이가 더 뻐근하구나" 같은 생각을 하게 되었다. 매일매일 내 몸의 작은 변화를 인식하면서 내 몸과의 대화가 시작된 셈이다.

매일 매트 위에서 근육을 이완하고 수축하는 작업을 반복하다 보면, 내 몸이 점점 균형이 잡혀가고 있음을 느끼게 된다. 조금만 자세가 틀어져도 금방 알 수 있다. 마치 디톡스 음료만 먹던 몸에 떡볶이를 넣었을 때와, 자극적인 음식을 자주 먹던 몸에 떡볶이를 넣었을 때의 차이처럼, 균형 잡힌 몸은 작은 틀어짐에도 쉽게 반응한다.

　한 중년 회원은 매일 2시간씩 요가 수업을 들으며 "단 하루라도 몸을 풀어주지 않으면 온몸이 뻐근하다."고 말했다. 또 다른 회원은 "요가를 전혀 몰랐을 때보다 오히려 요가를 접하고나서 뻐근함을 더 잘 느끼는 것 같다."고 말하기도 했다. 여기서 말하는 '뻐근함'은 근육의 과도한 긴장으로 인한 통증이 아니다. 이것은 평소 잘 열려 있던 엉덩이나 허벅지가 약간의 불균형이 생겼을 때 느껴지는 미세한 불편함이다. 요가는 이렇게 작은 틀어짐을 감지하고, 그 불편함을 통해 균형을 다시 찾아가는 과정이다.

○●
작은 불편함 속의 큰 깨달음

　그럼에도 매일 요가를 하며 이런 작은 불편함을 감수하는 이유는, 그 과정에서 내 몸을 가장 가까이서 느끼고 바라볼 수 있기 때문이다. 일상 속에서 우리는 몸을 세밀하게 살피는 시간이 거의 없다. 하지만 요가 매트 위에서는, 하루 동안 쌓인 긴장과 불균형을 정리할 수 있다. 오늘 나의 몸은 어제의 나의 몸과 어떤 차이가 있는지, 혹시 변화가 있다면 그 이유는 무엇인지 탐구하는 시간이 된다.

　요가는 작은 틀어짐을 무시하지 않고, 그 순간에 몸의 신호를 감지하고 즉각 반응하는 훈련을 길러준다. 그렇게 몸의 균형이 크게 무너지는 것을 방지하고, 작은 불편함 속에서도 균형을 찾아가는 것이다. 이를 통해 우리는 큰 고통이 아닌 작은 신호를 통해 몸을 자유롭게 움직일 수 있는 건강한 삶을 추구할 수 있다.

몸이 주는 메시지

요가를 통해 내가 얻은 가장 큰 깨달음은, 몸이 보내는 작은 신호를 무시하지 않는 법이다. 단순히 유연성을 기르고 근육을 강화하는 것이 요가의 목적이라고 생각했던 처음과 달리, 요가는 그 이상의 무언가를 나에게 가르쳐주었다. 그것은 바로 내 몸과의 소통이다. 매일매일 몸이 보내는 미세한 변화를 감지하고, 그에 맞춰 나 자신을 돌보는 것이다. 균형이란 한순간에 이뤄지는 것이 아니며, 단번에 완성될 수도 없다. 요가 매트 위에서 반복되는 동작 속에서, 작은 틀어짐을 인식하고 조금씩 수정해 나가는 그 과정에서 나는 매일 조금씩 더 나은 방향으로 나아간다.

요가는 몸의 균형만을 맞추는 것이 아니라, 삶에도 균형을 가져다준다. 과거에는 내가 얼마나 바쁘게 달리고 있는지, 얼마나 지치고 있는지 인식하지 못한 채 그저 앞만 보고 달렸었다. 하지만 이제는 달리던 걸음을 멈추고 내 몸과 마음이 어디에서 균형을 잃고 있는지를 돌아볼 수 있게 되었다. 몸이 보내는 신호가 예전처럼 뻐근함으로만 느껴지는 것이 아니라, "쉬어가도 괜찮다", "조금 더 천천히 가도 된다"는 나만의 속도에 맞춘 메시지로 다가온다.

  나는 요가를 통해 내 몸을 가만히 들여다보는 법을 배웠다. 오늘의 나와 어제의 내가 다르다는 것을 인정하고, 어제의 내가 오늘의 나에게 요구하는 기대를 내려놓는 법도 배웠다. 요가는 나에게 매일 새로운 균형을 찾으라고 가르친다. 매일 다르게 느껴지는 내 몸과 마음을 조율하면서, 나는 어제보다 더 나은 나를 만들어가고 있다.

  이것이 내가 요가를 계속하는 이유다. 요가는 완벽한 균형을 추구하지 않는다. 대신 매일 나에게 주어진 시간 안에서, 나의 속도와 나의 방식으로 조금씩 나아가도록 돕는다. 그 과정 속에서 몸과 마음이 함께 건강해지는 순간을 찾는 것이, 내가 요가를 하는 이유다.

스트레스는
스트레칭으로

　당장 귀신이 튀어나올 것 같은 컴컴한 방문을 열 때, 끼익 하고 소리가 나면서 관객들을 더욱 긴장하게 한다. 공포영화의 대표적인 사운드인 이 '끼익' 소리는, 장기간 사용하지 않거나 오래된 문을 움직였을 때, 문과 벽을 연결하는 경첩이 녹슬면서 나는 소리이다. 나는 작년에 이 끼익 소리를 많이 들었다. 요가원 건물이 오래되다 보니, 현관문을 열고 닫을 때 잘 움직이지 않았고, 힘으로 세게 열고 닫는 과정에서 건물을 울릴 정도로 삐그덕 소리가 났다. 한동안 어떤 조치도 취하지 않다가 더 이상 힘으로도 문이 잘 열리지 않게 되자, 건물 관리를 해주시는 관리원에게 말했다. 경첩의 상태는 새것으로 교체해야 할 만큼 망가지진 않았고, 녹슨 자리에 윤활유를 대신 발라주는 것으로 해결할 수 있었다. 윤활유를 바른 뒤로는 더 이상 소리가 나지 않았다.

요가를 가르치다 보니, 현관문의 뻑뻑함이 마치 우리의 관절의 뻣뻣함과 비슷하다는 생각이 들었다. 경첩을 새로 갈아주는 것처럼 우리의 관절을 새것으로 바꿀 수 있다면 좋겠지만, 매번 그럴 수는 없는 노릇이다. 하지만 끼익 소리가 나는 방문에 윤활유를 발라주는 것처럼 녹슨 관절 주변을 부드럽게 할 수 있는 방법이 하나 있다. 그 방법이 바로 스트레칭이다. 녹슬어 있는 관절에 윤활제의 역할을 하는 것이 스트레칭인 것이다.

스트레칭을 하면 관절을 움직이게 하는 근육이 이완된다. 근육의 가동 범위를 넓혀 부상도 예방된다. 한동안 나는 왼쪽 팔이 저리고 목에 담도 잘 걸렸었다. 찾아오는 통증을 대수롭지 않게 생각하다가 어느 날 왼쪽으로 고개가 돌아가지 않게 되자, 원인을 찾기 위해 나의 생활습관을 유심히 살펴보았다. 그때 나는 평소 왼쪽 방향으로 돌아누워서 자는 습관이 있었음을 알게 되었다. 어깨가 넓은 편이라 옆으로 돌아누울 때 왼쪽 목이 무리가 되지 않도록 머리를 충분히 받쳐 줄 두꺼운 베개를 대줬더라면 이 정도로 되진 않았겠지만, 그냥 평소 습관대로 자다 보니 목과 어깨가 장시간 긴장 상태로 유지되어 통증이 생겼던 것이다.

왼쪽에 앉은 사람과의 대화를 하거나 왼쪽을 봐야 하는 상황이 올 때, 근육통 때문에 목이 움직이지 않아 상체를 같이 회전해줘야 했다. 제한된 움직임과 통증 때문에 일상을 보내는데 편치 않았다.

아파야 몸의 소중함을 안다고 했던가. 스트레칭이 필요함을 절실히 느끼며 매일 목과 어깨를 풀어주었더니, 서서히 통증이 사라지면서 목의 움직임이 편안해지기 시작하고, 왼쪽 시야도 점점 확장되었다.

통증은 몸이 어떤 문제를 겪고 있음을 우리에게 알려주는 경고 신호다. 요가원에 스트레칭이 시급해서 오는 회원들은 그 경고 신호를 감지한 사람들이다. 이렇듯 몸이 신호를 보낼 때 통증의 원인을 찾으며 천천히 풀어나가면 된다. 뭉친 근육을 스트레칭할 때 땀이 줄줄 흐를 정도로 찢어질 듯한 불편함이 따르지만, 그 불편함 뒤에는 말로 표현할 수 없는 해방감이 찾아온다. 뻐근하고 욱신거렸던 나의 목을 풀어줌으로써 목의 움직임이 자유로워진 것처럼 말이다.

이와 같은 원리는 우리 마음에도 적용된다. 마음에도 스트레칭이 필요하다. 마음에 불안이나 스트레스가 찾아온다면, 우리에게 스트레칭이 필요하다고 신호를 주고 있음을 알아차려야 한다. 2024년 파리올림픽이 낳은 스타, 펜싱 국가대표 오상욱 선수는 과거에 큰 부상을 당한 후, 그로 인해 심한 트라우마와 불안을 겪었다고 했다. 상대의 발을 밟아 발이 꺾이는 큰 부상을 입은 후, 경기에 나설 때마다 그 기억이 떠올라 자신감을 잃고 두려움에 사로잡혔고, 그로 인해 올림픽을 앞두고 세계 랭킹이 16위까지 떨어지는 경험도 했다고 말했다. 그러나 오상욱 선수는 자신의 트라우마를 극복하기 위해 끊임없이 노력했다. 불안해질 때마다 일부러 발을 세게 딛고, 불안정한 상황에 자신을 노출시키며 두려움을 이겨내고자 했다. 일종의 불편한 스트레칭을 마음을 통해 행동으로 옮긴 셈이었다.

이러한 노력 덕분에 결국 트라우마에서 벗어나 경기에 대한 자신감을 되찾을 수 있었고, 그는 2024년 파리올림픽에서 금메달리스트로 우뚝설 수 있었다.

세브란스병원 정신건강의학과의 한 의사는 "편하게 하던 일이 버겁게 느껴진다거나, 평소 잘 만나던 친구와의 만남도 귀찮아진다거나, 세상에 대한 관심과 흥미가 떨어지면서 부정적인 생각이 많아진다면, 이는 우울증의 증상일 수 있으며 적절히 대처하지 않으면 상황이 악화될 수 있다"고 말했다. 예전과 달리 우울과 불안을 더 깊이 느낄 때, 마음이 원활히 순환되지 못하고 녹슬고 있음을 잘 알아야 한다. 자세히 나를 살펴보고 어떤 것들이 나를 우울하고 불안하게 하는지 찾아보는 과정이 필요하다.

마음의 스트레칭이 필요하다고 느껴질 때, 나의 마음을 힘들게 하는 것들을 글로 적어보는 것이 좋다. 한 정신과 의사는 부정적인 감정이 들 때, 왜 그런 감정이 들었는지 감정 일기를 써보는 것이 그 감정의 원인을 찾는 데 도움이 된다고 말했다. 예를 들어, 누군가 나에게 인사를 하지 않고 지나가서 기분이 좋지 않았다고 해보자. '나를 두시하는 건가? 내가 못나서 그런가?'하며 그 감정을 크게 키우지 않고, 기분이 안 좋았던 상황을 글로 써보면서 내가 왜 이런 감정을 느꼈는지, 이런 감정이 왜 나를 힘들게 하는지 살펴보는 마음챙김의 시간을 가져보는 것이다. 묵은 감정을 돌아보는 일은 불편함이 따르지만, 회피하지 않고 근본적인 이유를 하나씩 꺼내 발견하다 보면, 그것만으로도 충분히 나를 괴롭히던 감정으로부터 자유로워질 수 있는 첫걸음이 된다.

  삶을 살아갈 때 불안과 스트레스는 늘 찾아온다. 그것을 제때 풀지 않으면 점점 굳어져 몸과 마음에 통증을 유발한다. 균형 있고 건강한 삶을 영위하기 위해서 그 통증을 외면하거나 부정하지 않고, 가만히 들여다보는 스트레칭의 시간이 꼭 필요하다. 몸과 마음이 우리에게 통증이라는 신호를 줄 때 그 신호에 반응할지 머무를지는 우리의 선택이다. 심지어 신호에 반응하여 스트레칭을 하다 보면 굳어진 근육이 이완되면서 전에 느껴보지 못한 불편함까지 따라온다. 하지만 그 불편함 뒤에는 나를 불편하게 하는 것들로부터 자유로워지는 그 순간이 분명히 찾아온다.

내려놓을수록 찾아오는 비밀 :
비달라아사나

비달라아사나 VIDALASANA
네발기기 자세에서 한손씩 앞으로보내 상체를 낮춘다.
손으로 바닥을 밀어내면서 팔꿈치를 완전히 편상태에서
가슴을 바닥으로 늘린다.

나는 평소 노트북 작업을 많이 하는 편이라 목과 어깨가 잘 뭉친다. 요가강사이기에 몸이 유연한 편이라 균형이 무너진 자세를 조금만 유지해도 몸이 귀신같이 알고 비상을 외친다. 그럴 때면 나는 바닥으로 내려와 비달라아사나(vidalasana)라 불리는 기지개 켜는 고양이 자세르 몸을 풀어낸다. 비달라아사나는 굽은 등을 펴고 어깨관절을 이완하는데 탁월하여 회원들이 좋아하는 동작이다 보니 수업어 자주 넣곤 한다.

어느 날, 테라피 수업을 할 때였다. 요가실 맨 앞줄에 앉아 가슴이 충분히 열리지 않은 상태에서 비달라아사나를 완성하려고 애쓰던 한 회원을 발견했다. 그녀는 턱으로 바닥을 찍어 누르며 등이 굽어지고, 목과 어깨는 지나치게 긴장된 채로 떨고 있었다. 자세를 유지하기 위해 온 몸에 힘을 주며 버티다 보니 숨 쉬기조차 어려워 보였다. 그녀에게 조용히 다가가 잘못된 자세를 취하고 있음을 알려주며, 우선 뒷목에 긴장을 풀어보라고 권했다. 하지만 그녀는 동작을 꼭 완성하리라는 마음이었는지 계속 긴장된 몸으로 버티고 있었다. 수업이 시작되기 전부터, 열정으로 가득 찬 눈빛을 지닌 그녀를 말리는 것은 쉽지 않았다.

'힘 빼세요.', '긴장 푸세요.'

긴장을 푼다는 것은 몸에 불필요한 힘을 빼는 것이다. 힘을 빼는 것이 뭐가 어려운가 싶지만 생각보다 쉽지 않다. 힘을 내려놓았다고 생각했지만, 여전히 긴장을 풀지 못하고 힘이 들어가곤 한다. 수업 중에 '움츠린 어깨를 내리세요' 라고 말할 때 일부는 자신의 경직된 몸 상태를 깨닫고 어깨를 내린다. 하지만 몇몇 분은 어깨가 너무 굳어서 내리는 방법을 잊거나 어려워하기도 한다. 때로는 어깨의 긴장을 풀고 시작했지만, 중간쯤 가면 다시 어깨가 올라가고 결국 목을 긴장이 생기기도 한다. 이는 우리가 마음에 힘을 주며 몸을 움직이는 것이 익숙해지다 보니, 그것이 습관처럼 몸에 뿌리내렸기 때문이다. 이럴 때일수록 몸과 마음을 내려놓는 여유가 필요하다.

여기서 내려놓는다는 것은 동작을 포기하고 무관심해진다는 뜻이 아니다. 한번은 동작을 잘 해보려는 욕심에 수련하다가 뒤로 넘어져 허리에 무리가 간 적이 있었다. 그날 이후, 동일한 자세를 시도할 때마다 괜히 자신감과 의욕이 떨어졌고, 허리에 조금이라도 불편함이 느껴지면 바로 포기하거나 '이 동작은 내게 맞지 않아!'라며 거리를 두곤 했다. 나중에는 허리가 회복이 되어 몸 상태가 충분히 좋아졌음에도, 여전히 그 동작에 마음을 닫은 채 피하기도 했다.

과식하지 말라고 해서 밥을 먹지말라는 뜻이 아닌 것처럼, 집착하지 말라는 것이 포기하라는 뜻은 아니다. 불교수용공동체 정토회 지도법사인 법륜스님은 이를 두고 이렇게 말했다. "어떤 것을 도전하겠다 하는 것은 그 자체로는 욕심이 아니다. 도전할 능력이 없는데 하려고 하는 것이 욕심이며, 실제로 도전하지 않으면서 하고자 생각만 하는 것도 욕심이다. 이러한 욕심은 괴로움만 따르니 내려놓아야 한다."

요가에서 내려놓음의 시작은 '아사나'를 잘하려는 마음을 발견하는 것에서부터이다. 누구나 멋진 자세를 더 안정적이고 잘 만들고 싶을 것이다. 특히 요가를 오래하면 할수록 말이다. '요가를 이렇게 오래했는데도 왜 여전히 이 자세가 안되죠?', '다들 잘하는 데 내 몸은 왜 이 모양이죠?' 라는 말을 정말 많이 듣는다. 요가수련은 완벽한 자세를 넘어서, 진정한 자신을 탐구할 수 있는 소중한 기회임을 잊기 때문이다.

자세를 완벽하게 만드는 것 자체는 잘못이 없다. 다만 동작을 만들어가는 과정에서 자신의 몸을 살펴보며 자신의 근력, 유연성, 호흡 등 전체적인 향상이나 변화를 살펴보아야 한다. 그러나 우리는 동작을 만들어갈 때 우리의 몸과 마음상태를 살펴보기보다 자세의 완성도에 집착한다. 자세가 안정적일 때, 마치 자신이 단단하고 안정적인 사람인 것처럼 느낀다. 주변에서 자세가 우아하고 멋지다는 평가를 들으면, 자신도 그런 사람이라고 생각하게 된다. 반대로, 동작에서 자꾸 실패하고 자세가 불안하다는 평가를 받으면, 삶 역시 불안하고 실패한 것처럼, 스스로 실망스러운 인간이라 생각하게 된다.

내려놓는다는 것은 동작을 완성해야겠다는 지나친 마음을 내려놓는 것이다. 비달라아사나를 완성하고자 하는 마음으로 턱을 너무 짓누르면서 무리하게 이어가는 것은 좋지 않다. 오히려 얼굴이 바닥에 닿지 않더라도 상체의 모양을 더 깊게 만드는 것에 집중하다보면 어느새 가슴이 바닥에 닿게 되면서 턱도 자연스럽게 열리고 호흡이 편해진다.

내려놓는 것도 연습이 필요

양반다리와 같은 편한 좌법에서 명상을 하거나 수업 마지막 요가매트 위에 누운자세인 사바사아사나(sabasana)를 할 때 동작이 편안하기에 쉽게 긴장을 풀리며 몸과 마음이 이완된다. 하지만 조금 어려운 동작을 하게 되면 긴장하게 되면서 저항하는 힘이 생긴다. 자신이 긴장을 하고 있음을 먼저 알아차리고 긴장에 따른 변화된 몸을 살펴보면서 서서히 힘을 풀어낸다. 잘하려는 마음을 내려놓고 조금씩 노력하다보면 불필요한 에너지들이 사라지고 편안한 마음상태도 올바르고 중요한 것들에 집중하게 된다. 이렇듯 내려놓는 것도 연습이 필요하다.

  우리가 살아가고 있는 삶도 내려놓을수록 좋다. 내려놓는다는 것은 무관심한 태도로 삶의 의욕을 내려놓는 것을 말하는 것이 아니다. 그저 내가 원하는 방향으로 가야 한다는 생각과 행동에 집착하지 않는다는 뜻이다. 우리는 결과에 집착하기도 하며 과거에 집착하기도 하고 집착하지 않으려는 마음에도 집착을 한다. 집착할수록 그 대상으로부터 멀어지기 쉬우며 그 멀어지는 대상을 꽉 쥐느라 오히려 스스로 더 고통스럽게 만들기도 한다. 하지만 내려놓았을 때 우리를 힘들게 했던 번뇌와 고통이 사라지면서 더 좋은 에너지들이 우리의 삶에 채워지고 있음을 알게 된다.

서로 다른 시선, 같은 요가

어느 저녁, 동생에게 아버지로부터 전화가 왔다. "언니 SNS에 올린 사진을 보니 서커스 하는 것 같던데, 그게 진짜 요가가 맞나? 그냥 스트레칭 같은 거 아니야?" 아버지는 의아하신 듯 물으셨다고 한다.

요가 강사로 직업을 바꾼 지 4년이 넘었을 때였다. 내가 하는 운동을 제대로 알지 못하는 사람들에게 조금씩 알리고 싶어서 인스타그램에 요가 동작 사진을 올리기 시작했다. 고향에 계신 아버지는 평소 SNS를 즐겨 하진 않으시지만, 자식들의 근황을 보기 위해 가끔 들어오셨다. 그러다 내가 올린 요가 동작을 보시고는, 자신이 알고 있던 요가와 다르다고 생각하신 것이다.

어머니도 비슷한 반응을 보였다. 내가 요가를 가르친다고 했을 때, "우리 집에서 가장 뻣뻣한 네가 요가를 가르치다니? 세상

오래 살고 볼일이네" 라며 신기해하셨다.

가족뿐만이 아니라 대부분 사람들에게 요가에 대한 인식은 정형화되어 있다. 누군가는 요가를 단순한 스트레칭으로 생각하고, 누군가는 유연해야만 요가를 가르칠 수 있다고 생각한다.

심지어 요가를 종교적 관점에서 바라보는 사람도 많다. 책 쓰기 모임에서 잠시 활동할 때, 나는 요가에 대한 책을 써보고 싶다고 공유한 적이 있었다. 그런데 그 말을 들은 기독교인 자매님이 그날 저녁 개인적으로 연락을 해왔다. 명상과 요가동작에 심취하신 모습이 걱정된다는 내용이었다. 순간 속으로 '내가 명상이나 요가를 하는 것을 본 적이 있나?' 하고 의문이 들며, 그녀의 연락이 다소 무례하게 느껴졌지만, 나중에는 기독교의 교리 안에서 요가가 우상숭배도 비칠 수 있음을 이해하게 되었다. 옳고 그름을 떠나서 다른 시선에 대한 이해를 한 것이다.

요가는 인도에서 유래한 심신 수련법으로 널리 알려져 있지만, 그 기원을 거슬러 올라가면 힌두교와 연결되어 있다는 이유로 부정적인 시각을 가지는 경우도 있다. 일부 기독교인들은 요가가 영적인 연습으로 요가에서의 명상과 호흡운동이 신과의 연결을 목표로 한다고 주장한다. 예를 들어 기독교적 관점에서 요가를 금지해야 한다는 주장이 담긴 논문에서는 요가의 코브라 자세(부장가아사나, Bhujangasana)가 뱀신을 숭배하는 행위라고 지적하기도 한다.

이렇듯 열 사람이 있으면 열 사람의 해석이 나오듯 각자의 경험과 관점에서 해석하는 것이 일반적이다.

각자의 관점, 하나의 요가

요가에 대한 다양한 시각은 종교적 관점뿐만 아니라, 그 수행 방식과 기대치에서도 나타난다. 각자의 가치관과 신념에 따라 요가를 바라보는 시선은 제각각이다. 특히 요즘처럼 1인 가구가 많아지고, 개인의 만족을 중시하는 시대에는, 요가 역시 개개인의 필요에 맞춘 다양한 프로그램이 등장하고 있다. 이처럼 사람마다 요가에 기대하는 바가 다른 만큼, 나 역시 강사로서 그룹 수업을 진행할 때 모든 사람의 기대를 충족시키는 게 어렵다는 걸 자주 느낀다. 수련생의 실력이나 수업에서 기대하는 것도 각기 다르기 때문이다.

한번은 하타 요가 초급반 수업에 빈야사나 아쉬탕가처럼 역동적인 요가를 좋아하는 회원이 참석한 적이 있었다. 나는 초급반 수업이었기에 천천히 동작을 익히고, 호흡과 함께 마음을 다스리는 데 중점을 두었다. 하지만 그 회원은 빠르게 동작을 전환하며, 땀을 흘리는 운동을 기대한 듯했다. 수업이 끝난 후, 그 회원은 "땀이 안 나서 요가를 한 기분이 들지 않는다."고 말했다.

그 말을 들었을 때 나는 잠시 당황했다. '내가 수업을 잘못한 걸까?'라는 생각에 속상함이 밀려오기도 했지만 곧 알았다. 요가는 단순한 체력 소모 이상의 것을 제공하는 수련임에도, 각자가 기대하는 바는 다를 수 있다는 것을 말이다. 그 회원은 요가에서 격렬한 운동을 기대한 반면, 당시 내 수업은 몸과 마음의 조화를 중시하는 요가 철학을 기반으로 진행되었다.

그래서 그저 웃으며 "다음에 빈야사 수업에 오세요."라고 답했다. 그 회원이 기대한 요가와 내가 제공한 요가는 종류가 다를 뿐, 수업이 잘못된 것은 아니라는 깨달음이 그때 비로소 내게 왔다.

이 경험을 통해 나는 사람마다 좋아하는 요가가 다르고, 기대하는 바가 얼마나 다양한지 다시 한 번 느꼈다. 어떤 사람은 역동적인 빈야사 요가를 좋아하고, 또 어떤 사람은 한 동작을 오래 유지하는 하타 요가를 선호한다. 명상이나 힐링 요가로 몸과 마음을 가꾸는 사람도 있고, 체형 교정에 초점을 맞춘 테라피 요가만 찾는 사람도 있다.

나 역시 요가 강사로서 다양한 스타일을 가르치고 있지만, 한동안은 빈야사에 빠져 있었다. 그 시기에는 하타 요가나 힐링 요가조차도 '빈야사스럽게' 진행한 적이 있었다. 빈야사 특유의 역동성과 흐름을 좋아했던 나는 그 에너지를 모든 수업에 자연스레 녹여냈다. 그 결과, 빈야사를 선호하는 회원들은 꾸준히 찾아와 만족을 표했지만, 모든 회원이 나의 방식을 좋아한 것은 아니었다. 힐링 요가 수업 중 땀이 난다며 불만을 표시한 회원도 있었다.

수업을 하다 보면, 모든 사람을 만족시키는 것은 사실 불가능하다는 것을 점점 더 깨닫게 된다. 그때까지는 내가 각 회원들의 선호에 맞춰야 한다는 압박감이 있었다. 빈야사 스타일을 좋아하는 사람에게는 더 빠르고 역동적인 수업을, 힐링 요가를 기대하는 사람에게는 보다 차분한 수업을 하려고 했었다. 하지만 그렇게 하다 보니 나 자신도 혼란스러웠다. 회원들의 기대와 나의 가르침 사이에서 균형을 찾기란 쉽지 않았다.

그러나 시간이 지나면서 깨달았다. 모두를 만족시킬 수 없다면, 더 이상 회원들의 반응에 휘둘리지 않고, 내가 선호하는 방식에 충실하기로 마음먹었다. 그리고 그 선택은 오히려 수업을 더 자연스럽고 편안하게 만들었다. 내가 좋아하는 방식으로 수업을 진행할 때, 수업의 흐름도 부드러워지고, 회원들도 그 자연스러움을 느낄 수 있었다.

회원들의 기대는 다 다르다. 내가 빈야사 스타일로 수업을 진행하면, 어떤 회원은 "선생님 요가는 빈야사스러워요"라고 말한다. 예전 같으면 그 말을 듣고 말의 의도가 무엇인지 의아해하며 불안했겠지만, 이제는 그런 말을 들을 때마다 스스로를 돌아본다. '아, 요즘 내가 빈야사를 좋아하고 있구나.' 그리고 그것을 인정한다. 빈야사가 최고라고 고집할 필요도 없고, 회원들이 원하는 스타일을 비판할 필요도 없다. 결국 나의 수업 방식이란 나 자신이 무엇을 좋아하는지, 그리고 지금의 나는 어떤 방식으로 요가를 하고 싶은지를 반영한 것이다.

수업을 하다 보면 때로는 이런 생각이 든다. 요가는 결국 자기 자신과의 관계를 탐구하는 과정이다. 나는 강사로서 길을 안내할 뿐이다. 각자의 몸과 마음의 상태에 맞는 요가를 찾아가는 것은 결국 수련하는 사람의 몫이다. 그리고 그 과정에서 우리는 스스로의 욕구와 선호를 더 깊이 알아가게 된다.

○●
내가 바라는 요가

요가는 내가 세상을 바라보는 관점과도 같다. 내 관점이 옳다고 여길 때, 우리는 쉽게 기대를 하고, 그 기대가 충족되지 않으면 실망하게 된다. 하지만 옳고 그름을 따지기 전에, 먼저 상대방의 관점을 인정하고, 나의 관점을 돌아보는 것이 필요하지 않을까?

강사로서의 요가 수업도, 내 생각을 고집하기보다 수업에 참여하는 사람들의 다양한 시선을 받아들이는 과정이다. 그 과정에서 나는 나의 욕심과 집착을 알아가고, 내가 바라는 요가와 다른 사람들이 바라는 요가가 항상 같을 필요는 없다는 것을 깨닫는다.

요가가 가르쳐주는 가장 짧고도 중요한 메세지

　요가 수업을 듣기 위해선 강사와 회원 모두 나름의 준비를 해야 한다. 이는 요가 수련에 온전히 집중하기 위함이다. 요가를 제대로 수련하기 위해서는 몇 가지 기본적인 조건들이 있다.

　첫째, 수련 장소의 환경이다. 실내 공기가 맑고, 조용해야 하며, 바닥은 평평하고 편안한 상태여야 한다. 전자파가 발생하는 전자기기들이 적은 공간이라면 더욱 좋다.

　둘째, 수련하는 시간이다. 요가 수련은 육체와 마음이 차분해지는 아침, 또는 하루를 마감하기 전인 저녁 시간이 적합하다. 특히 수련 전 최소 2시간은 식사를 하지 않아야 몸이 부담을 덜 느낀다. 그리고 수업이 시작되기 전, 미리 도착해 옷을 갈아입고 자신의 자리를 살피는 여유 시간을 가져야 한다. 그래야 수업에 필요한 정신적·육체적 준비가 충분히 될 수 있다.

셋째, 요가 복장과 매트이다. 몸을 자유롭게 움직일 수 있는 요가복을 입고, 매트는 수련에 필요한 적절한 쿠션감을 제공해야 한다. 공용 매트를 사용하는 경우라도, 개인적인 위생을 고려해 자신의 매트를 준비하는 것이 좋다.

마지막으로, 요가에 임하는 태도이다. 강사와 회원들은 서로를 배려하고 존중하는 것이 기본이다. 요가 수업 중 대화를 삼가고, 향이 강한 화장품이나 향수는 피해야 한다.

이 네 가지 요소들이 잘 갖춰졌을 때, 요가에 더욱 집중할 수 있다. 물론, 이 모든 조건을 항상 갖추기는 현실적으로 어렵다. 그 중 우선적으로 갖춰져야 할 조건은 수련에 임하는 마음가짐이다. 타인의 시선에서 벗어나 온전히 나 자신에게 집중하는 마음가짐을 갖는 것이다. 나에게 집중하고, 나를 깊이 돌아볼 수 있는 마음가짐이야말로 요가의 본질이다.

○●
외부 조건보다 중요한 내적 준비

몇 년 전, 제주도에서 요가를 가르치던 선생님께 수업을 들은 적이 있었다. 수업이 끝난 뒤, 그 선생님이 이런 말씀을 해주셨다.

"아무리 오래 요가를 하도 사람이 변하지 않으면, 그건 진정한 요가 수련이라고 할 수 없어요."

당시에는 온전히 이해하지 못했지만, 그 말은 오랫동안 내 머릿속에 남아 있었다. 시간이 지나면서 요가에 대한 경험이 쌓일수록, 그 말의 의미를 조금씩 더 깊이 알게 되었고, 지금도 여전히 그 의미를 알아가고 있다. 요가를 오래 하면, 당연히 더 어려운 동작도 할 수 있게 되고, 몸의 유연성도 좋아진다. 하지만 그것만으로는 요가의 본질에 다가섰다고 할 수 없다. 중요한 것은 '내가 얼마나 나 자신을 깊이 이해하고 있느냐' 이다.

요가를 오래 수련하다 보면, 내 몸의 작은 변화뿐 아니라 내 마음이 어떤 생각을 하고, 무엇을 원하는지, 그리고 왜 괴로운지를 알게 되는 순간들이 찾아온다. 요가는 그런 내면의 과정을 차분히 들여다보는 수련이다. 그런 점에서, 요가를 오래 해도 여전히 자신의 욕망에 휘둘리거나 타인의 시선에 의식하며 살아가는 모습을 볼 때면, 그 제주도 선생님의 말씀이 떠오르곤 한다.

최근에는 명품 요가복과 고가의 매트로 수련을 시작하는 사람들을 자주 본다. 물론 좋은 환경에서 수련하는 것도 좋지만, 가끔 그런 준비와는 상관없이 마음을 다해 요가에 집중하지 못하는 모습도 보게 된다. 그럴 때 나 스스로도 다시금 생각해본다. 결국, 중요한 것은 외적인 조건이 아니라, 내가 내 상태에 얼마나 집중할 수 있느냐는 것임을 말이다. 수련 시간 동안 온전히 나 자신에게 집중하지 못하면, 요가는 그저 '동작'에 불과해진다. 화려한 외적조건보다, 단 한번이라도 내면에 집중하는 것이 진정한 요가를 경험하는 지름길이다. 고가의 매트위에서 산만함을 느끼는 것보다. 공용 매트 위에서 나를 향한 몰입을 경험하는 것이 훨씬 더 중요하다.

현재 나의 상태를 돌아보는 시간

그룹 수업을 진행하다 보면 가끔 타인에게 방해가 되는 행동을 무심코 하는 회원들을 보게 된다. 시끄러운 소리를 내거나, 땀 냄새가 나는 요가복을 입고 오거나, 매트에 스프레이를 마구 뿌리는 사람도 있다. 이런 날이면 다른 회원들로부터 불만이 터져 나오곤 한다. "옆 사람 때문에 집중이 안 돼요", "냄새 때문에 호흡이 어려워요" 같은 말들이다. 사실 많은 사람들이 함께 하는 수련 환경을 개인에게 완벽하게 맞도록 조성하는 것은 거의 불가능하다. 그렇기 때문에 더욱 중요한 것이 있다. 바로 현재 나의 상태를 바라보는 시간이다. 나는 수업을 시작하기 전에 늘 스스로에게 묻는다. "내 몸은 지금 어떤 상태인가?", "어디가 긴장되고 있는가?"

이런 질문을 던지며 나 자신을 점검해본다. 수업에 들어오기 전 분주했던 마음이 여전히 남아 있지는 않은지, 몸이 무거운지 가벼운지를 먼저 살펴본다. 그러다보면 사람들의 소리, 향 등 외부 조건에 그다지 영향을 받지 않고, 요가에 집중할 수 있게 된다.

나에게 집중하는 5분의 힘

　나는 요가수업을 진행할 때 내 스스로 수업에 얼마나 집중하느냐에 따라 요가수업의 질이 달라짐을 잘 알기에 어느 순간부터는 수업에 집중하기 위한 시간을 충분히 가진다. 마음이 어수선할 때 혼자 있을 수 있는 공간으로 가 호흡명상과 확언을 하며 최소 5분, 가장 먼저 나의 마음상태를 챙긴다. 그러고 나면 오시는 회원들의 상태를 편안히 그리고 더 세심히 볼 수 있는 눈이 생긴다. 오기 전부터 호흡을 헐떡이며 온 분에게는 호흡을 깊게 할 수 있도록 안내해 드리거나 목이 뻐근해 고통을 호소하는 분에게는 잠시 매트에 누워 목을 이완하는 동작을 알려 드리는 등, 수업이 시작되기 전 수업을 위한 몸과 마음을 스스로 점검하도록 도와드린다.
　한 번은 수업 시작 전에 친구와 감정적으로 격한 통화를 한 적이 있었다. 마음이 많이 어지러워졌지만, 곧바로 수업에 들어가야 해서 통화를 서둘러 마무리했다. 그리고 나서 마음을 추스르려 했지만, 생각처럼 쉽게 가라앉지 않았다. 시간이 되어 요가실에 들어갔지만, 여전히 내 마음은 편안하지 않았다.
　평소라면 명상을 시작하면서 회원들에게 편안한 멘트를 전했겠지만, 그날은 내 마음이 어수선하고 정리가 안 된 상태라는 걸 분명히 느꼈다. 그래서 명상을 시작한다는 안내 이후, 아무 말도

하지 않고, 그저 침묵 속에서 명상을 이어갔다. 호흡에 집중하면서 천천히 마음을 가라앉히려고 노력했다. 호흡에 집중하고, 내 안에서 일어나는 감정의 흔들림을 천천히 다스렸다. 시간이 지나면서 점차 숨이 부드러워졌고, 마음속에 얽혀 있던 긴장도 풀리는 느낌이 들었다. 눈을 뜨고 시간을 확인했을 때, 실제로는 5분밖에 지나지 않았지만, 체감상으로는 훨씬 더 긴 시간이 흐른 듯한 느낌이었다.

짧은 시간이었지만, 그 5분 간의 명상이 나를 차분하게 되돌리는 데 큰 도움이 되었다. 내가 먼저 내 마음을 가라앉히고 나 자신에게 집중할 수 있게 되자, 그제야 회원들에게도 더 많은 신경을 쓸 수 있게 되었다. 내가 차분해지자, 회원들도 자연스럽게 자신에게 집중하는 분위기가 형성되었다. 수업의 흐름이 차분하고 집중된 것은, 결국 내가 먼저 스스로를 다잡았기 때문이었다.

만약 감정이 얽힌 상태 그대로 수업을 진행했다면 어땠을까? 아마 내 불안정한 마음은 고스란히 수업에 투영되었을 것이다. 그랬다면 그날의 수업은 단순한 '시간'에 불과했을 것이다. 누구에게도 진정한 유익을 주지 못하는, 그저 지나쳐가는 수업으로 끝났을지도 모른다.

시작 전 나를 돌아보는 시간

요가 수업이 시작되기 전, 5-10분 일찍 와서 가볍게 스트레칭을 하거나 조용히 명상하는 회원들은 확실히 수업에 임하는 태도가 다르다. 그들은 그 시간을 통해 자신을 돌아보고, 수업에 온전히 집중할 준비를 마친다. 짧은 시간이지만, 그 몇 분이 수업의 전체적인 흐름에 큰 차이를 만든다는 것을 매번 실감한다.

우리는 어떤 일을 시작하기 전에 다양한 준비를 하곤 한다. 하지만 가장 중요한 준비는 바로 '나 자신을 돌아보고 집중하는 시간'이다. 아무리 짧더라도, 그 순간에 나의 몸과 마음 상태를 살피는 것이 그날의 수련을 더 깊고 의미 있게 만들어준다. 5분, 10분의 작은 시간이지만, 그 시간이 쌓일수록 나 자신을 조금씩 변화시키고, 수련의 깊이도 더해진다. 어쩌면 그것이 요가가 가르쳐주는 가장 중요한 메시지일지도 모른다.

인생은 마라톤이다

정신을 차려보니 나는 달리고 있었다. 언제부터 달리기 시작했을까? 앞은 짙은 안개도 자욱했다. 하얀 안개 속에서 무엇인가 보일까 싶어 눈을 찌푸려 시야의 초점을 맞춰보았다. 여전히 아무것도 보이지 않는다.

턱을 당겨 아래를 보았다. 당장 앞이 보이지 않음에도 내 팔과 다리는 마치 목적지를 아는 듯이 일정한 속도로 움직이고 있었다. 두 발바닥이 지면에 닿는 소리가 이상하게 들려 발을 쳐다보았다. 맨발이었다. 맨발로 뛰다니…. 어라? 오른발이 어딘가 불편해 보인다. 더 자세히 살펴보았다. 물론 뛰면서 말이다. 오른 엄지발가락이 없었다. 잘못 본 것이 아닐까? 안개 때문에 착각한 것일까?

보면 볼수록 엄지발가락의 부재가 확실했다. 이 사실을 알고 나서일까?

갑자기 발 안쪽 앞꿈치 부위에 쓰라린 통증이 느껴졌다. 처음 느껴보는 고통이다. 상식적으로 엄지발가락이 있어야 뛸 수 있는 것 아닌가? 어떻게 뛰고 있는 것인지, 왜 발가락이 없는 것인지 이상했다. 갑자기 무서움이 밀려온다. 그 감정에 압도되어 주저앉고 싶었다. 이내 속도를 낮추려고 다리에 힘을 빼 보았다. 다행히 속도가 멈추었다. 숨이 가쁘게 느껴졌다. 발가락의 부재를 보기 전까지만 해도 분명 괜찮았는데, 멈추니 모든 고통이 일시에 밀려왔다. 숨이 가쁨, 종아리의 피로, 얼굴의 터질 것 같은 열감 등.

잠깐 멈춰 쉬면서 숨을 가다듬었다. 5분쯤 지났을까? 자욱했던 안개가 서서히 걷히며, 반경 5미터 정도는 충분히 볼 수 있을 정도로 주변이 점점 밝아졌다. 밝아진 시야의 왼쪽에는 초록 잔디가 보였고, 나는 학교 운동장 트랙 같이 보이는 땅바닥에서 가장 안쪽 레인에 앉아 있었다는 걸 알게 되었다.

마침 옆으로 두 사람이 지나갔다. 속도는 보통 걸음으로도 충분히 따라잡을 정도로 매우 느리게 뛰고 있었다. 뛴다기보다는 걷기, 아니, 끌고 있는 듯 보였다. 한 사람은 이십 대 중반쯤 되어 보이는 청년이었고, 다른 한사람은 아버지뻘 정도로 보이는 중년 남성이었다.

중년 남성은 앞서 가는 청년에게 훈수를 두듯, 목소리에 약간 힘을 주어 말했다.

"하하 젊은이, 팔이 하나 없구만? 쯧쯧, 불쌍하기 짝이 없군. 자네 부모가 자네를 낳았을 때 얼마나 슬펐을꼬? 집에 있지 왜 나왔어?"

한차례 숨을 고르더니 다시 말했다.

"젊은이! 뛸 때는 두 팔을 같이 써야 하는 거야! 그런데 자네가 팔이 하나밖에 없으니 상체를 함께 움직여 균형을 맞춰보게."

앞서가는 청년은 뒤도 돌아보지 않고 그의 가운데 손가락을 쓱 들어 올렸다. 그 모습을 본 중년 남성은 화가 나서 청년의 뒤통수를 향해 욕을 퍼부었다.

"저 싸가지 없는 놈, 내가 잘 아니까 가르쳐줬구만, 귓등으로도 안 들으니 달리기 실력이 늘지를 않지. 요즘 애들은 어른들 말을 안 들어서 큰일이야."

그 아저씨는 계속해서 욕을 퍼부었다. 나는 너무 듣기 싫어서 한마디 하려고 아저씨를 바라보았다. 그런데 자세히 보니 아저씨 역시 힘겹게 걷고 있었다. 그때, 다 걷히지 않았던 안개가 모두 사라지면서 아저씨의 다리에 시선이 갔다.

왼쪽 다리가 조금 이상해 보였다. 나는 궁금해서 눈을 크게 뜨고 아저씨의 무릎을 자세히 살펴보려 했다. 왼쪽 무릎이 구부려지지 않아, 왼쪽 다리를 쭉 편 상태로 뛰고, 아니 걷고, 아니 끌고 있었다.

그 순간, 나는 궁금증에 참을 수가 없어서 아저씨를 향해 소리쳤다.

"다리, 왜 그러세요?"

아저씨는 당황한듯 답했다.

"내 다리가 왜?"

나는 대답했다.

"다리를 왜 펴고 뛰세요? 불편하시면 도와드릴까요?"

그제서야 아저씨는 자신의 다리를 보고 눈이 휘둥그레지며 그대로 자빠졌다.

"아니 내 다리… 이게 무슨 일이야? 으악… 저기요! 구급차! 119 불러줘! 여기 사람 없어요? 어쩐지 앞으로 잘 안 가지더라니."

아저씨는 다리가 제 기능을 못 한다는 사실을 방금 깨달은 듯했다. 안개 때문에 자신도 몰랐던 걸까?

잠에서 깼다. 악몽이었다. 잠옷을 만져보니 축축했다. 거의 세탁기에서 막 꺼낸 옷처럼 땀으로 흠뻑 젖어있었다. 신체가 정상적이지 않은 이상한 마라톤은 다행히 나의 꿈이었다. 이불을 걷어내고 나의 엄지발가락부터 살펴보았다. 다행히 발가락은 멀쩡히 붙어있었다. 휴~

길게 한숨을 내쉬고 침대에 앉아 생각해 보았다. 왜 이런 꿈을 꾸었을까? 어제 수련생들을 가르치며 너무 힘들었나 보다. 사실 내가 생각해도, 요즘 나는 내 몸을 너무 혹사시켰다. 전능자께서 내게 깨달음을 주시려 했나 보다. 마라톤 같은 인생이니 천천히 여유를 갖고 달리라는 권유였을까?

  사람은 누구나 결함이 있다. 누군가 가진 결함이 나에게는 없거나 아직 오지 않은 것일 수 있으며, 내가 가진 결함이 다른 누군가에게는 없거나 아직 오지 않은 것일 수 있다.
  우리는 모두 자기만의 길을 걷는다. 그러다 종종 쉬어가기도 한다. 목적지는 알 수 없고 왜 뛰는지도 모르는 삶이지만, 그래도 우리는 조금씩 앞으로 나아간다.
  중요한 것은 속도가 아니라, 그 과정에서 무엇을 배우고 어떻게 성장하는가이다. 다른 이들의 결함을 보며 우월감을 가질 필요도 없고, 반대로 타인에게 없는 결함이 있다고 해서 슬퍼해도 안된다. 자신의 속도가 남들과 다르다고 해서 조급해 할 이유도 없다. 각자의 방식대로, 자신만의 마라톤을 완주해 나가는 것이 우리 삶에 주어진 유일한 길이다.

"
때때로 생각대로 되지 않는 순간을 만날 때,
자신감이 흔들리고 마음이 기운다.
그럴 때면 나는 거꾸로 세상을 바라보는 20분의 여행을 떠난다.
물구나무서기는 나의 몸과 마음의 중심이
어떠한지 살펴보고 어디로도 치우치지 않는 상태로
만들어 가기에 아주 적합하다.
"

4부

무게중심:
낯선 것으로부터 중심잡기

20분의 물구나무,
나를 바로 세우는 시간

요가 수업 마지막 시간이 끝난 뒤, 집에 도착하니 어느새 밤 11시를 넘기고 있었다. 그날따라 아무 이유 없이 마음이 불안해졌다. 감정의 출처를 찾아보려 애썼지만, 오히려 더 마음이 답답해질 뿐이었다. 문득 예전에 존경하던 요가 선생님이 마음이 어지러울 때면 물구나무 자세를 하셨다는 말씀이 떠올랐다. 곧장 침대 옆에 매트를 펴고 물구나무 자세에 들어갔다.

'살람바 시르사아사나(Salamba Sirsasana)'라고 불리는 이 자세는 중력의 법칙에 따라 정수리에서 발끝까지 일직선이 되었을 때, 오히려 힘을 들이지 않고도 자연스럽게 유지된다. 하지만 골반이 조금만 앞으로 나오거나 뒤로 빠져도 중심축이 무너지면서 무게가 한쪽으로 쏠린다. 이때 목과 허리에 부담이 생기고, 팔과 복부 근육이 과도하게 쓰이게 된다. 근력이 부족하면 이 부담을 감당하지 못해 자세를 오래 유지하기 어렵다.

　마음이 어지러운 상태에서 자세를 취해서였을까, 천장을 향해 뻗은 두 다리가 미세하게 흔들리기 시작했다. 나는 곧 호흡에 집중했다. 길게 날숨을 내쉬며 마음을 편안하게 가다듬고, 어깨를 부드럽게 열어 뒷목까지 호흡이 흐르도록 했다. 이어서 골반의 위치를 인식하며 몸이 바닥과 수직이 되도록 코어에 힘을 주었다. 그렇게 자세에 집중하는 동안 점점 몸이 가벼워졌다. 처음엔 불안하게 떨리던 두 다리도 서서히 고요해지며, 마치 바닥에서 떠 있는 듯한 감각이 들었다.

　시간이 얼마나 흘렀을까?

　자세에서 내려온 뒤 시계를 보고 깜짝 놀랐다. 이전에는 5분도 버티기 어려웠던 동작을 힘을 빼고 여유롭게 20분이나 유지할 수 있었다니, 나 자신도 믿기지 않았다. 완전히 몰입한 덕에 시작 전의 어지러웠던 마음은 온데간데없고, 고요하면서도 뿌듯한 감정이 가슴속에 맴돌았다.

　그날 이후로 자기 전에 짧게는 5분, 길게는 20분씩 물구나무 수련을 하고 있다. 매번 그날처럼 깊은 몰입 상태에 이르는 것은 아니지만, 매일 달라지는 몸의 컨디션을 느끼며 늘 새롭게 균형을 찾아간다. 물구나무서기를 하면서 오늘의 에너지가 여유로운지, 혹은 부족한지를 살피고, 그에 맞춰 중심을 잡아가는 연습을 한다.

　물구나무서기는 단지 몸의 균형만을 위한 것이 아니다. 나는 이 동작을 통해 마음의 균형도 함께 회복한다. 때때로 생각대로 되지 않는 순간을 만날 때, 자신감이 흔들리고 마음이 기운다. 그럴 때면 나는 거꾸로 세상을 바라보는 20분의 여행을 떠난다. 물구나무서기는 나의 몸과 마음의 중심이 어떠한지 살펴보고 어디로도 치우치지 않는 상태로 만들어 가기에 아주 적합하다.

　이 20분의 여정은 단순히 세상을 거꾸로 보는 것이 아니라, 나 자신의 균형을 되찾는 과정이다. 몸과 마음이 하나로 이어지는 조화의 시간이다. 하루의 끝에서 어지러운 마음을 진정시키고, 다시 중심을 잡는 이 경험은 마치 인생의 작은 축소판 같다. 매일 짧게나마 이 여정을 반복할 때, 삶의 흔들림 속에서도 더 단단히 설 수 있음을 느낀다. 그리고 이 작은 습관들이 모여 나와 내가 사랑하는 사람들의 삶을 더 건강하고 균형 있게 만들어 줄 것을 믿는다.

부정적인 생각에서 벗어나는
실질적인 5가지 방법

　부정적인 생각과 감정은 누구나 느끼고 경험한다. 인간은 그것으로부터 완전히 자유롭기는 어렵다. 하지만, 부정적인 생각과 감정이 스멀스멀 피어오를 때, 자신의 상태를 인식하여 감정에 지배당하지 않고 오히려 감정을 조절하는 사람들도 있다. 나는 전두엽의 기능을 발달시키려는 노력을 조금씩 해 나가며 부정적인 생각으로부터 자유로워지는 발판을 만들어가고 있다.

　전두엽은 대뇌에서 가장 크게 차지하고 있는 부분으로, 기억력, 사고력을 주관하고 감정 조절을 담당하는 기관이다. 전두엽이 손상되면 감정 조절이 어렵고 인지 능력에 장애가 생길 수 있다. 전두엽의 기능을 개선하기 위해 내가 실천하고 있는 몇 가지 방법을 소개한다.

부정적인 감정을 마주하는 첫걸음

부정적인 생각이 머릿속에서 미친 듯이 소용돌이칠 때, 내가 지금 부정적인 생각을 하고 있다는 사실을 인지하는 것이 무엇보다 중요하다. 나 역시 대체로 긍정적인 편임에도 불구하고 종종 삶에 회의감을 느끼며 살아갈 힘을 잃을 때가 있었다.

부정적인 감정이 나를 덮쳐, 마치 끝없이 깊고 어두운 동굴 속에 갇힌 듯한 기분이 들었다. 벗어날 길이 보이지 않았고, 숨조차 막히는 듯한 절망감에 휩싸였다. 그러나 시간이 흐른 뒤 뒤돌아보니 그 동굴도 결국 빠져나올 수 있는 작은 구멍이 있다는 사실을 깨닫게 되었다. 그 작은 틈으로 들어오는 빛 한줄기가 점차 내게 길을 열어주었다.

나는 두 눈을 감고 잠시 호흡을 살피며 5분간 호흡 명상을 한다. 한때 지나가는 부정적인 감정에 내 중심을 빼앗기지 않기 위해 감정을 바로 인지하는 습관을 기르는 것이 중요하다. 처음에는 인지한다는 것이 무엇인지 헷갈릴 수도 있고, 인지했음에도 여전히 불안 속에 머물 수도 있다. 하지만 계속 원인을 찾아가다 보면, 어두운 터널을 잠깐 지나는 자동차처럼 부정적인 감정을 하나의 지나가는 불안함으로 받아들일 수 있다.

따라서 감정을 인식하는 습관을 통해 전두엽 인지기능이 향상되어 부정적인 감정을 조절하는 능력이 생긴다.

가급적이면 주변으로부터 방해받지 않는 조용한 장소로 이동하거나 산책을 하며 감정을 살펴보는 것이 좋다. 그러나 침대에 들어가는 것은 추천하지 않는다. 감정이 해소되기보다는 생각의 꼬리가 이어져 부정적인 감정이 더 깊어질 수 있기 때문이다. 실제로 가벼운 산책을 하며 생각을 정리하거나 차를 마시며 명상하는 것이 나의 상태를 객관적으로 보게 해주었다.

글쓰기로 마음의 길을 열다

부정적인 감정을 인지하는 또 다른 방법은 기록하며 분석하는 것이다. 〈노인과 바다〉의 저자 헤밍웨이는 "Write hard and clear about what hurts"라며, 어디가 어떻게 아픈지 열심히 쓰라고 조언했다. 또한, 호주의 건강 의학 정보지(The Conversation)에서는 정신 건강을 향상할 수 있는 두 가지 글쓰기 유형을 소개한다.

첫째는 표현적 글쓰기로, 현재 느끼는 감정이나 깊은 심정을 단어나 문장으로 표현하는 것이다. 이때는 문법이나 띄어쓰기를 신경 쓰지 않고 솔직하게 마음 상태를 표현하는 것을 우선으로 한다. 현재의 솔직한 감정상태를 글로 표현함으로써 문제를 정서적으로 해결하고, 심리적 스트레스를 해소할 수 있다.

둘째는 성찰적 글쓰기로, 부정적인 감정을 글로 꺼내보며 자신의 상태를 객관적으로 바라보는 방법이다. 이는 스스로를 평가하고 관점을 변화시키는 데 효과적이다.

나의 사례로 예를 들어보자면, 한 번은 누군가의 카톡을 받고 분노를 느낀 적이 있었다. 그때 종이에 '화가 난다, 가슴이 답답하다, 카톡을 보고 나서 분노가 느껴졌다' 등 나의 감정을 표현적 글쓰기로 기록했다. 이후 '왜 그 감정이 들었을까?', '상대방이 무책임하다고 느껴졌다'와 같이 원인을 분석하며 성찰적 글쓰기를 했다. 이는 부정적인 생각에서 벗어나는 데 큰 도움이 되었을 뿐만 아니라 감정을 명확하게 글로 쓰면서 내가 느끼는 감정의 본질과 그 원인을 파악하게 해주었다.

몸으로 느끼는 자유

전두엽을 발달시키기 위해 운동이 좋다는 것은 잘 알려져 있다. 나는 요가를 통해 몸과 마음의 균형을 찾는다. 요가는 명상, 스트레칭, 유산소, 근력 운동, 재활 치료까지 복합적으로 경험할 수 있는 운동이다.

몸이 무겁고 처질 때 스트레칭으로 어깨와 목을 풀어내면, 몸이 가벼워지고 마음도 한결 나아진다. 빈야사나 아쉬탕가 요가는 매트 위에서 끊임없이 움직이며 유산소 운동의 효과를 준다. 부정적인 마음이 들 때마다 나는 빈야사 요가의 동작을 수련한다. 1시간 정도 수련하면 땀이 나고, 몸과 마음이 개운해진다.

또한, 하타 요가는 한 동작을 오랫동안 유지하며 현재를 인지하는 능력을 향상하는 데 도움을 준다.

음악으로 감정을 춤추게 하다

나는 음악을 매우 좋아한다. 요가 수업을 준비할 때도 가장 심혈을 기울여 고민하는 것이 배경음악이다. 그 노력 덕분에 회원들이 노래 제목을 물어보거나, 심지어 음악이 좋아서 재등록을 한다는 이야기를 들을 때가 종종 있다.

음악은 사람에게 깊은 감동과 치유를 제공한다. 실제로 음악 치료라는 전문 분야가 존재할 정도로, 음악은 정신적, 신체적 건강 증진에 강력한 효과를 발휘한다. 나 역시 음악의 치유 효과를 실감하고 있다.

마음이 답답하거나 불안감이 밀려올 때, 나는 음악을 듣거나 노래를 부르고, 음악에 맞춰 몸을 움직인다. 음악은 내 안에 머물던 감정을 일깨우고, 이를 춤과 노래로 자연스럽게 표현하게 한다. 이 과정에서 억눌린 감정은 해소되고, 서서히 정서적 안정과 자유로운 기분을 느낀다. 감정이 음악의 리듬을 따라 춤추는 듯한 이 경험은, 스트레스를 풀고 마음의 무게를 덜어내는 데 큰 도움이 된다.

마음을 비우는 공간 정리

"당신이 살고 있는 방이 바로 당신 자신입니다."라는 문구를 본 적이 있다. 이 문구처럼, 주변 환경은 우리의 정신 건강에 큰 영향을 미친다. 연구에 따르면 집이 어수선하고 더러운 경우에는 스트레스 호르몬인 코르티솔 수치가 더 높아지는 것으로 나타났다.

나도 종종 빨래가 밀리거나 방이 어질러져 있을 때, 마음이 정돈되지 않았음을 느낀다. 밀린 집안일을 하나씩 해내고 방을 깨끗이 청소하면, 나를 휘감던 부정적인 감정도 차츰 정리된다. 실제로 깨끗한 환경은 머릿속을 정리하는 데 큰 도움을 준다.

어릴 적, 엄마는 스트레스를 받을 때마다 집안 가구 위치를 바꾸셨다. 온 가족이 들어야 할 만큼 무거운 장롱도 혼자 옮기시곤 했다. (혼자서 그 무거운 장롱을 어떻게 옮기셨는지 여전히 의문이다.) 나 역시 때로는 침대의 위치를 바꾸거나, 작은 인테리어 변화를 주며 새로운 에너지를 얻는다. 공간을 정리하고 재구성하다 보면 마음속까지 비워지고 정돈되는 느낌을 받는다.

책 속에서 찾는 내면의 평화

　불확실한 미래와 어떻게 해야 할지 모르는 막막함은 불안을 불러온다. 이런 불안을 극복하기 위해 나는 책을 읽는다. 책 속에서 새로운 지식을 얻고, 삶의 방향을 재정립하며 내면의 평화를 찾아간다.

　고등학교 시절부터 자기계발서를 즐겨 읽었고, 부족하다고 느낀 점이 있을 때마다 책을 통해 해결책을 찾았다. 처음에는 "성공한 사람들의 이야기가 나와 무슨 상관이야"라고 생각했지만, 점차 그들의 경험 속에서 삶의 교훈과 실질적인 방향성을 발견했다.

　삶에서 겪는 혼란과 어려움을 이해하고 공감하는 에세이 형식의 책도 좋아한다. 공통된 감정을 나누며 위로를 얻고, 나와 타인의 삶을 이해하려는 마음이 생긴다. 현재는 독서 모임에 참여하며 다른 사람들과 책에 대해 의견을 나누고 토론한다. 이는 객관적인 시각을 기르고, 다양한 관점을 이해하는 데 큰 도움을 준다.

　책은 단순한 읽을거리 그 이상이다. 그것은 나의 마음을 정돈하고, 새로운 에너지를 채워주는 도구이자 내면의 평화를 찾아가는 안내자다.

부정적인 생각에서 벗어나기

　부정적인 생각은 우리 삶에서 쉽게 사라지지 않을 수 있다. 그러나 그것을 극복하려는 노력은 우리의 선택에 달려 있다. 글쓰기, 요가, 음악, 공간 정리, 독서 등 내가 선택한 여러가지 방법은 단순히 감정을 해소하는 데 그치지 않고, 더 나은 나를 만들어가는 과정으로 이끌었다.

　중요한 것은 이 실천들을 꾸준히 반복하는 것이다. 작은 행동 하나하나가 쌓여가다 보면, 부정적인 감정에 머물던 시간이 점점 줄어들고, 그 자리를 자유와 평안함이 채우게 될 것이다.

　삶은 때로 예기치 못한 감정의 폭풍을 가져오지만, 우리는 그 속에서도 주도권을 가질 수 있다. 나를 이해하고, 내면의 균형을 찾으며, 앞으로 나아가는 여정은 분명히 가치 있는 일이다.

나만의 시계를 차고 살아가기

　우리 삶에는 여러 가치들의 방향과 순서를 배열하는 기준들이 있다. 이것을 한 단어로 사회적 시계(Social Clock)라 한다. 사회적 시계는 우리가 특정 나이에 어떤 일들을 이루어야 한다고 요구한다. 만약 그 시계에 따라 살지 못할 때, 외부의 기대와 압박 속에서 스스로 서두르게 된다.

　세상은 이렇게 말한다. 20살에 대학을 들어가고, 25살에 취업하며, 30살에 결혼을 준비해야 한다고. 35살 전에 출산하고, 60살에 정년퇴직을 해야 한다고 말이다. 요즘 내게도 이런 목소리가 자주 들린다. "30대가 넘었는데 결혼해야지.", "지금쯤 얼마쯤은 모아야지.", "결혼 전이 사업체는 꾸려야지."

　나이별로 해야 하는 수많은 규칙 속에서, 우리가 그 요구를 채우지 못하면 세상은 우리를 재촉한다. 이런 재촉 속에서 우리는 불안을 느끼고, 그 불안 때문에 사회적 시계에 순응하려 노력한다. 때로는 조급한 행동을 선택하며 이겨내려 한다.

30살이 넘은 결혼 적령기에 아직 짝을 만나지 못한 청년 직장인들이 매일 점심시간마다 부지런히 소개팅을 잡거나, 사귄 지 3개월 만에 조건을 보고 결혼을 진행하는 모습도 그런 예다.

사회적 시계를 벗어나다

2021년, 나는 다니던 회사를 그만두었다. 이후 직장인들과는 다른 길을 선택하면서, 그동안 누려왔던 것들을 포기해야 했다. 4대보험, 대출 상향 조건, 안정적인 월급, 그리고 심리적 여유까지. 30살이란 나이에 "보장된 삶"을 떠난다는 선택을 한 순간, 그 모든 것이 내 손에서 멀어졌다.

사회적 시계에 맞춘다면, 그때 나는 결혼을 준비하고 가정을 꾸려야 할 나이였다. 하지만 나는 요가 강사의 길을 새롭게 시작하면서 자리 잡기 위해 여러 자격증을 취득하고, 해부학 등 전문 강의를 듣고, 요가 관련 책을 읽으며 지식 쌓기에 집중했다.

그 결과, 돈을 모으기는커녕, 오히려 모아둔 적금을 깨서 써야 했다. 최근 2년간 자기계발에 쓴 돈만 1,500만 원이 넘는다. 한 달에 140만 원 실업급여를 받으며 이런 지출을 하는 것을 누군가는 사치라 생각할지도 모르겠다. 하지만 그때는 전혀 아깝지 않았다. 물론 지금도 마찬가지이다.

불안과의 마주침

나라고 불안하지 않았을까? 퇴사 후 1년쯤 지나자, 내가 선택한 길이 무모했던 것은 아닐까 싶었다. 그 생각이 나를 사로잡으면서 결국 채용사이트에 들어가 이력서를 작성하기까지 했다. 나의 경력으로 어디를 지원할 수 있을지 의문이 들었지만, 조급함이 나를 뒤쫓으며 "내가 뒤처진 것은 아닐까?"라는 두려움을 키웠다.

그러다 한 회사로부터 면접 연락을 받았다. 그런데 면접장으로 가던 길, 갑자기 발걸음을 멈추게 한 경험이 있다. 내 머릿속에 한 문장이 떠올랐다.

"넌 이미 다른 선택을 했잖아. 그런데 왜 돌아가려고 하는 거야?"

사실 그 문장은 내 주변에서 누군가가 해줬던 조언도 아니었다. 회사에서 퇴사하기 전, 내 안에서 이미 결단을 내렸던 나 자신이 나에게 던진 질문이었다. 그 목소리는 평소 바쁜 회사생활 속에서는 들리지 않았던 내 내면의 소리였다.

결국 나는 이력서를 닫고, 내 불안의 원인을 하나씩 적어보기로 했다. 내가 왜 불안했는지, 내가 진짜 원하는 삶이 무엇인지,

그리고 내가 이 길을 계속 걸어갈 이유를 곱씹으며 다이어리에 적어나갔다. 그렇게 나는 다시 나만의 속도를 찾을 수 있었다.

나만의 시계를 차고

사회적 시계에서 벗어나 처음 느꼈던 불안감은 "내가 뒤처지고 있다"는 두려움 때문이었다. 하지만 지금 나는 이렇게 믿고 있다. "나는 남들과는 다른 속도로, 나만의 시계가 장착된 삶을 살고 있다."

한 번은 요가 수업이 끝나고 한 회원이 내게 이런 질문을 했다.

"선생님은 왜 이 길을 선택하셨어요? 사실 요가 강사라는 일이 쉽지 않을 텐데요."

나는 웃으며 이렇게 대답했다.

"쉽지 않죠. 하지만 이 길을 걸으면서 매일 더 나은 내가 되고 있다는 기분이 들어요. 그리고 무엇보다, 제가 제 시계를 직접 정하고 있다는 게 좋아요."

내 대답에 회원이 고개를 끄덕이며 말했다.

"저도 언젠가는 제 시계를 차 보고 싶어요."

사소한 걱정에서
벗어나기

 친한 동료 선생님 한 분이 "저는 다리가 짧고 어깨와 팔이 상대적으로 두꺼워서 암 밸런스(Arm Balance)나 역자세(Inversion)가 잘 돼요."라고 말했던 기억이 난다. 바닥과 가까운 신체 부위가 단단하고 무거울수록 무게중심이 잘 잡히기 때문이다. 그래서 손과 팔로 체중을 유지하는 암 밸런스나 역자세를 할 때, 어깨와 팔뚝이 튼튼한 사람들은 동작이 더 안정적으로 만들어진다.
 나와는 반대다. 나는 상체에 비해 하체가 발달해 있고, 손목이 얇고 약한 편이라, 손바닥으로 체중을 받드는 동작을 할 때마다 손목이 꺾이며 다치면 어쩌나 하고 불안해 했다. 그래서 다부진 어깨와 팔로 암 밸런스를 쉽게 해내는 회원님들을 보면서 내심 부러워하기도 했다.
 반면 나는 팔다리가 긴 편이라 사지를 뻗는 자세를 할 때는 동작이 크고 시원해 보인다는 말을 듣곤 한다. 이렇게 사람마다 체형이 다르며, 이로 인해 노력한 시간에 비해 상대적으로 쉽게 만들어지며 예뻐 보이는 자세들이 있다.

바카아사나를 통한 깨달음

까마귀자세라고도 불리는 바카아사나(Bakasana)를 한참 연습하던 때가 있었다. 연습 내내 중심이 흔들려 무릎으로 바닥을 하도 많이 내리찍다 보니 무릎 주변에 멍이 들었고, 삼두근 주변 피부는 쓸려서 붉게 부어오르기도 했다. 팔꿈치 주변은 점점 어두워지고, 손등에는 핏줄이 도드라져서 곧 튀어나올 것처럼 보였다. 마치 오랜 세월 동안 거칠게 일한 사람의 손처럼 말이다.

요가를 계속하면서 몸과 마음의 건강은 눈에 띄게 좋아졌지만, 정작 맑고 깨끗한 피부라는 내가 가진 미의 기준에서는 점점 멀어지는 듯했다. 오죽하면, 한때는 피부가 상하는 것이 아쉬워서 요가를 계속해야 하나 고민한 적도 있었다.

어느 날, 수련을 오래 해온 한 회원이 빈야사 플로우 수업에 참석했다. 그녀는 바카아사나 자세에서 두 다리를 뒤로 점프하는 동작을 해냈는데, 그 모습이 정말 아름답고 멋졌다. 심지어 손등의 도드라진 핏줄마저 경이로워 보였다.

저 동작이 손쉽게 되기까지 얼마나 수없이 넘어지고 고통을 겪었을지 생각하니, 그 결과가 더 아름답게 느껴졌다. 그 모습을 보고 나도 다시 바카아사나 연습을 시작해야겠다는 생각이 들었다.

처음에는 멋진 동작을 나도 해내고 싶다는 마음으로 시작했다. 그런데 시간이 지나면서 새로운 재미를 알게 되었다. 발이 아닌 손으로 몸을 지탱하며 흔들리는 무게중심을 찾아가는 과정이 즐거워지기 시작한 것이다. 몸의 중심을 잡아갈수록 마음마저 안정되고 균형이 맞춰지는 기분이 들었다.

○●
걱정에서 벗어나 중심을 잡기

예전에 한 TV 프로그램에서 산에 사는 도인을 취재한 적이 있었다. 그는 산에서 크고 작은 돌들을 모아 탑을 세웠다. 가장 작은 돌을 아래에 두고, 그 위에 몇 배나 큰 돌들을 요리조리 움직여 아슬하게 쌓아 올렸다. 바람이 불면 당장이라도 쓰러질 것 같았지만, 돌들은 무게중심이 잡혀서 멋지게 서 있었다.

바카아사나와 같은 암 밸런스 동작을 수련할 때면, 영상에서 본 균형 잡힌 돌들처럼 작은 손으로 몸 전체를 지탱하며 중심을 유지해야 한다. 팔의 힘, 등을 말면서 복부를 잡아주는 힘, 다리를 천장으로 뻗는 힘, 머리를 들어 올리는 힘 등, 한 동작을 완성하기까지 몸의 크고 작은 관절들이 힘의 균형을 찾아간다.

물론 수련을 하다 보면 상처가 나고, 치유된 자리에 다시 어두운 흔적이 몸 곳곳에 남기도 한다. 하지만 이전과 달리 이제는 그런 몸을 보는 내 마음이 달라졌다.

몸 전체도 그렇다. 한때는 가녀린 몸매와 청순한 분위기의 여성을 동경했지만, 이제는 오히려 누군가를 지켜줄 수 있을 만큼 단단한 체형을 갖춰가는 내 모습이 괜찮다고 생각한다. 신기하게도 손목이나 팔뚝이 크게 굵어지지는 않았지만, 만져보면 이전보다 속이 꽉 찬 것처럼 단단하다. 이제는 이런 모습이 더 아름답게 보인다. 미의 기준이 바뀐 것이다.

삶의 걱정을 부수는 요가의 단단함

손이 못생겨지는 것이 걱정이었던 과거와 달리 이제는 그 고민이 사소하고 별것 아닌 일처럼 느껴진다. 걱정스러운 마음에 휩싸여 바카아사나와 같은 암밸런스 수련을 소홀히 했다면, 지금처럼 몸의 중심을 찾아가는 이 희열과 즐거움을 알지 못했을 것이다. 그리고 아마 새로운 아름다움도 발견하지 못했을 것이다.

일상에서도 마주하는 걱정과 불안이 있다. 시간이 지나고 나면 그때의 걱정들이 사소한 것에 불과하거나 삶에 큰 영향을 주지 않는다는 것을 깨닫게 된다. 그래서 이제는 작은 걱정들이 몰려올 때, 요동치는 마음을 다잡기 위해 노력한다.

　내 불안을 이끄는 이유는 무엇인지, 어떤 기대와 바람이 그 안에 숨어 있는지, 그리고 그것이 이루어지지 않으면 왜 불안한지를 스스로 들여다본다. 그럴 때면 나는 요가 매트 위에서 다시 몸과 마음을 단단히 다잡는다. 이 또한 별것 아닌 걱정일 거라는 믿음을 가지고, 수련을 통해 더 단단해지고 더 넓은 세계를 향해 나아간다.

플라잉 요가가 주는 새로운 능력

　이두 삼두근이 돋보이게 발달된 한 회원이 플라잉 요가 수업에 처음 참여했다. 평소 다른 요가 수업에서 남들이 눈여겨볼 정도로 실력이 뛰어난 그녀였기에, 플라잉 요가도 어렵지 않게 따라올 것이라 내심 기대했다. 아마 그녀 스스로도 그렇게 생각했을지도 모른다.

　처음엔 잘 따라오던 그녀였지만, 수업 막바지에 이르러 표정이 점점 어두워지고 당황한 기색을 보였다. "해먹에서 떨어질까 무서워요"라며 동작을 이어가지 못했다. 그녀가 무서워한 동작은 해먹을 골반 앞쪽인 서혜부에 고정한 채로 앞구르기를 하며 아래로 떨어지는 것이었는데, 사실상 떨어지더라도 전혀 위험하지 않은 자세였다. "괜찮으니 한 번 시도해보세요"라고 권했지만, 결국 그녀는 포기하며 해먹에서 내려왔다.

매트 위에서는 물 만난 그기처럼 자신감 넘치던 그녀가 공중에서는 전혀 다른 모습을 보여줬다. 우리 모두 익숙하지 않은 환경에 놓일 때, 그리고 자신의 취약점을 마주할 때 예상치 못한 두려움에 직면하곤 한다.

○●
플라잉 요가의 색다른 매력

플라잉 요가는 공중에서 해먹을 이용해 360도 회전을 하거나 거꾸로 매달리는 동작 등 공간을 보다 자유롭고 역동적으로 활용할 수 있는 운동이다. 매트 요가가 3D 영화라면, 플라잉 요가는 마치 4D 영화처럼 더 성동감 넘치고 다채롭다. 이런 독특함 덕분에 수련생들의 반응도 각양각색이다.

"도파민이 폭발하는 것 같아요!"라며 재미있다고 하는 수련생이 있는가 하면, 무섭다며 내내 소리를 지르거나 수업 중간에 요가실을 나가버리는 경우도 있다. 한 수련생은 플라잉 요가 후 바로 편의점에 가서 탄산음료 1L를 마시고 속의 울렁거림을 달랬다고 했다. 모두 몸이 익숙하지 않은 생소한 동작을 하며 나오는 각기 다른 반응들이다.

수업이 끝난 뒤 수련생들에게 소감을 물어보면 대부분 "무섭지만 재미있어요.", "힘든데 매력이 있어요.", "시원한데 아파요."와 같이 상반된 감정을 동시에 느낀다고 답한다. 사실 나도 플라잉 요가 수련 중 무섭고 힘들며, 동시에 재미있고 상쾌했던 경험을 자주 한다.

○●
거꾸로 서며 얻는 시선의 변화

플라잉 요가를 시작한 지 3개월쯤 되었을 때, 매트 위에서 머리서기의 변형자세 중 하나인 핀차 마유라(Pincha Mayurasana)자세를 시도하는 것이 훨씬 수월해졌다. 예전에는 거꾸로 설 때 피가 머리에 쏠리며 어지러움을 느꼈지만, 이제는 오히려 호흡이 편안해지고 자세를 빠져나온 직후에는 상쾌함마저 느낀다.

입문자들은 초반에 발이 바닥에서 떨어져 뒤로 넘어가는 움직임이 낯설어 두려워하거나 좌우 방향을 매우 헷갈려 한다. 하지만 몇 번의 연습 후 혼자서도 자연스럽게 자세를 만들어가는 모습을 보면 참 신기하다. 어색했던 동작들이 점차 익숙해지고, 공간을 인식하는 시야가 확장되는 것이 느껴진다.

요즘 나는 생활 속에서 주변 사물들을 새로운 시각으로 바라본다. 공원의자, 바위, 벽, 철봉 등 평소에는 무심코 지나치던 것들이 지금은 모두 요가를 위한 도구처럼 보인다. 이런 변화는 단순히 몸의 움직임을 넘어서, 시야와 사고의 폭을 넓히는 경험으로 이어진다.

주변을 보는 넓어진 시선

　거울이 없는 요가실에서 수업을 할 때 회원들과 마주보고 앉아 거울모드로 요가자세를 설명한다. 나는 오른손을 들고 있지만 마주보고 앉은 상대방의 시야에서는 왼쪽이기에 왼손이라고 말한다. 처음에 방향이 헷갈려서 생각하며 말하느라 아주 느리게 설명하거나 '오른손 아니 왼손 올리세요.' 라며 말을 이리저리 번복하곤 했다.
　심지어 플라잉 수업을 할 때는 매트보다 공간의 활용도가 다양하다보니 왼쪽과 오른쪽 구분이 더 어려웠다. 거꾸로 매달린 상태에서 오른쪽 해먹에 왼발이 걸려있는데 그 왼발을 다시 왼쪽 해먹에 반시계방향으로 휘감아서 상체를 왼쪽으로 일으키는 동작을 회원의 시선에서 좌우반전으로 설명한다고 하자. 이렇게 글로 써도 단번에 이해하기 어려운 동작을 최대한 상대방이 이해하기 쉽도록 설명하기 위해선 연습이 필요했다. 그래서 수업 전, 동작을 만들어가는 순서를 머리속에 그려보거나 직접 해보는 시간들을 많이 가지는 편이다.
　또한 해먹을 손뿐만 아니라 팔꿈치 안쪽, 발, 오금, 겨드랑이 등 다른 신체부위로도 잡고 있기 때문에 다른 신체부위의 시선에서 공간을 인지하는 것도 중요하다. 거꾸로 매달린 상태에서 해먹에 발을 시계방향으로 감을건지 또는 반시계로 감을건지 생각해보아야 하는 것이다. 말이 쉽지 무척이나 헷갈리는 작업이다.

이러한 작업을 매일하다보니 자연스레 공간지각능력이 향상됨을 실감한다. 내 주변에 있는 사물이나 사람까지도 세밀하게 관찰하며 이전에는 눈에 잘 보이지 않던 것들이 보여지기 시작했다. 실제로 도로를 걸을 때 주변에 다니는 오토바이나 차량을 잘 발견하지 못 했었는데 요즘은 멀리서도 내 뒤에서 오고 있음을 잘 느낀다. 또한, 운전을 하지 않는 나는 조수석이 익숙하지만 운전석에서 바라보는 시선을 이해하며 안전운전을 위해 옆에서 도와줄 것을 생각해보기도 한다.

하루동안 눈으로 몸으로 많은 것을 보고 만지고 느끼지만, 실제로 상세하게 그 순간을 알아차리지는 못한다. 그러나 공간지각능력이 향상되고 나서 평소에는 주변을 2만큼 인식했다면 요즘은 5만큼 인식한다.

플라잉 요가는 단순한 운동을 넘어, 새로운 환경에 적응하고 어색한 상황을 받아들이는 여유를 길러준다. 낯선 장소에서의 식사나 숙박도 이전보다 더 편안해졌고, 이제는 나 자신만 보던 시선을 주변으로 돌릴 줄 알게 되었다.

공간지각능력의 발달은 단순히 물리적인 공간을 인식하는 데만 그치지 않는다. 복잡한 상황이나 타인의 입장을 읽어내는 능력에도 영향을 미친다. 앞만 보고 달리는 운전자는 주변 차량이나 도로 상황을 읽기 어렵다. 마찬가지로 자신만 바라보는 사고

방식은 주변 세계를 이해하는 데 장애가 된다.

　플라잉 요가를 한다고 해서 외형적으로 눈에 띄는 변화가 있는 것은 아니다. 그러나 내 마음은 이전과 달라졌다. 익숙한 틀을 깨고 새로운 해석과 시선을 받아들이는 유연함이 생겼다. 이것은 분주한 일상 속에서도 내면의 균형을 잃지 않는 힘으로 작용한다.

색과 행복,
그리고 요가에서 찾은 즐거움

아프리카 남서부에 있는 나미비아 북부 지역에는 '힘바족'이라는 부족이 있다. 이들은 색을 표현하는 단어가 5개 정도밖에 되지 않는다. 영어권에서 색을 표현하는 단어가 약 11개인 것과 비교하면 절반 수준인 셈이다.

이들에게 색을 구별하는 실험을 진행했다. 12개의 원 중 하나는 파란색이고 나머지는 모두 초록색이었다. 이 그림에서 다른 색을 찾아보라고 했을 때, 파란색이 뚜렷이 보임에도 불구하고 힘바족은 초록과 파란색을 구별하는 데 시간이 오래 걸리거나 찾지 못했다. 그들에게는 파란색과 초록색을 구분할 수 있는 단어가 없었기 때문이다.

영어권에서는 하늘과 바다의 색을 일반적으로 파란색이라고 표현하지만, 힘바족은 하늘을 검정색으로, 물을 흰색으로 본다.

심지어 물과 우유도 같은 흰색으로 간주한다.

이 실험은 우리가 속한 환경과 학습된 언어가 세상을 지각하는 방식에 큰 영향을 미친다는 점을 보여준다. 같은 물체를 보더라도 각자의 언어와 사고방식에 따라 다르게 정의할 수 있다는 것이다.

한 양자물리학자는 "우리가 보는 모든 물체는 본래 색이 없을 수도 있다. 물체의 색은 물체가 가진 고유한 특성이 아니라, 우리의 뇌가 해석한 결과일 수 있다"고 말한다. 물체가 빛을 받으면 특정 파장의 빛을 반사하고, 우리의 시신경이 그 빛을 받아들여 뇌에서 색을 결정한다는 것이다. 같은 그림을 보고도 사람마다 다르게 인식하는 착시 현상 역시 이러한 원리와 무관하지 않다. 결국, 색은 물체의 속성이 아니라 우리의 뇌가 만들어낸 것이다.

○●
행복은 어디에서 오는가

우리가 행복하다고 느끼는 것은 '물은 흰색이다' 라며 색을 표현하는 것과 어느 면에서 비슷하다. 행복도 형체가 존재하는 것이 아니라, 우리의 뇌에서 만들어낸 감각일지도 모른다.

사람들은 모두 행복해지기 위해 노력한다. 사회적으로 성공하거나 영향력 있는 사람이 되는 것을 행복이라 정의하는 사람들은 돈이나 명예를 얻기 위해 열심히 일하고 공부한다. 그러나 돈과 명예를 모두 가졌음에도 행복하지 않은 사람들도 많다. 왜 그럴까?

반대로 행복은 멀리 있는 것이 아니라 내면에 있다고 말하는 사람들도 있다. 이들은 자신이 무엇을 할 때 행복한지, 자신이 누구인지 탐구하기 위해 종교를 가지거나 관련 서적을 읽으며 자신을 돌아보곤 한다.

누군가 나에게 "언제 가장 행복한가?"라고 물으면 나는 항상 이렇게 대답하곤 했다.

"나는 내가 가진 것으로 남을 도와줄 때 행복하다. 그래서 나는 더 큰 행복을 위해 더 많이 가지고 더 배우려 한다."

내가 가진 것을 필요한 사람과 공유하는 즐거움이 컸다. 그것이 시간이든, 물질이든, 노동이든 말이다. 그러나 나누는 것 자체의 기쁨보다 점점 나눌 대상에 집중하다 보니 점차 그 즐거움이 오래가지 않았다. 내가 보내는 시간과 물질과 노동이 늘 의미 있게 쓰여야 하며, 거창해야 했다. 결국 이것은 진정 내가 원했던 행복이 아니었음을 깨달았다.

○●

요가를 할 때 느끼는 즐거움

요가를 가르치면서 주변에서 이런 말을 종종 들었다.
"요가 강사로 얼마나 더 살래? 이제 요가원을 차려야지!"

이런 조언이 현실적이고 타당한 부분도 있었지만, 내심 기분이 좋지는 않았다. 계속 듣다 보니 "그래, 이왕 요가를 가르치는 김에 돈을 많이 벌면 좋겠다"는 생각이 스며들었다. 점점 그런 생각이 가득 차면서, 요가를 가르치는 일 자체가 예전만큼 즐겁지 않게 되었다. 나는 요가원이 아닌, 요가로 돈을 버는 것에 더 집중하고 있었다.

그러나 나는 요가를 시작할 때 "요가로 돈을 벌어야지"라는 기대감으로 시작하지 않았다. 요가는 내게 단순히 즐거움을 주는 활동이었다. 요가를 하면서 느꼈던 순수한 즐거움이 내가 요가를 하는 이유였다.

나는 다시 내가 요가를 시작했던 이유를 떠올리며, 즐거움을 되찾아갔다. 종종 아침에 벅찬 설렘을 느끼며 요가센터에 출근할 때, 내가 즐거운 일을 할 수 있다는 감사함에 사로잡히곤 했다.

행복은 결코 거창한 것이 아니다. 행복은 우리가 즐거움을 느낄 수 있는 일을 할 때 자연스럽게 찾아오는 것이다. 즐거운 일을 많이 하면 행복도 자주 나를 찾아온다.

내가 수업 중에 가장 즐거움을 느낄 때는 수강생들과 함께 땀 흘리며 몸을 움직일 때다. 또한, 요가 동작이 몸에 어떻게 작용하는지 연구하고, 이를 효과적으로 설명하며 나눌 때 큰 즐거움을 느낀다. 신기하게도, 초등학생 시절부터 대학생 시절까지 내가 가장 즐거웠던 순간도 춤을 추거나 운동을 하며 몸의 움직임을 연구해 사람들과 나누던 때였다.

행복으로 가는 첫걸음

　많은 이들이 행복을 원하지만, 행복은 노력한다고 해서 바로 얻어지는 것이 아니다. 그러나 자신이 무엇을 할 때 즐거운지 찾으려는 노력은 우리의 의지로 가능하다.
　스스로 즐거움을 느끼는 활동을 발견하는 것이야말로 행복으로 가는 첫걸음이 아닐까?
　행복은 크고 대단하거나 거리를 두고 바라봐야 할 무언가가 아니다. 일상 속에서 우리가 즐겁게 몰입할 수 있는 작은 순간들, 그것이 바로 행복의 씨앗이다. 그리고 그 씨앗이 우리 삶의 더 넓은 영역으로 뻗어나가게 하는 것은 온전히 우리의 몫이다. 그러고보면 행복은 주어지는 것이 아니라, 우리가 매 순간 만들어가는 것임에 틀림없다.

"
끊임없이 경쟁하고 나를 멋지게 최고로 보여줘야
인정받는 사회를 살아가면서 마음의 중심을 잡기란
쉽지않은 것은 사실이다.
하지만 분명 삶을 살아가면서 중요한 가치들이 존재한다.
그 가치들은 타인과 공유되고 융합될 때 더 빛나기도 한다.
"

5부

균형:
인생을 바꾸는 시간

이기는 것보다 즐기자

지난 2020년 도교 올림픽 육상 남자 높이뛰기에서 두 명의 공동 금메달리스트가 나왔다. 카타르 대표선수인 무타즈 바르심은 오랜시간 동안 경쟁해온 상대선수 지안마르코 탐베리와의 결승전에서 경기점수가 똑같아 '승부뛰기'로 순위를 갈라야했다. 하지만 바르심은 탐베리와의 공동 금메달을 제안했다. 당시 탐베리는 지난 2016년 리우데자네이루 올림픽을 앞두고 부상을 당해 선수생활을 지속하지 못할 뻔했다가 슬럼프를 회복하고 나온 상태였고, 이에 반해, 바르심은 객관적으로 승리가 유력한 세계1위의 실력을 갖추고 있었다. 승부뛰기로 단독 금메달리스트가 될 수 있었음에도 그는 친구와는 더 이상 경쟁하지 않겠다며, 우승타이틀을 공유한 것이다. 실력으로는 우승하기 어려웠던 탐베리에게 공동금메달의 제안은 말로 표현할 수 없는 기쁨이었을 것이다.

살다보면 내가 잘하는 부분에서 독보적인 존재가 되고 싶고 남들보다 이기고 싶은 마음이 들기도 한다. 내가 조금 더 인정받고 싶고 더 나은 관심과 대우를 받고 싶은 마음은 끊임없이 남들과 비교를 하게 하며 더 좁게는 삶을 대하는 태도에서 여유롭지 못하게 된다.

나도 초보강사 시절, 요가수련을 갈 때면 같이 수련하는 사람들 중에 요가동작을 제일 잘하는 사람이 누구인지 은근슬쩍 찾아보면서 잘하고픈 마음으로 요가를 하곤 했다. 하지만 그런 마음은 온전히 요가에 집중하지 못하게 했고, 마지막 수련이 끝났을 때는 마음의 편안함보다는 찝찝함만 남았다. 요가수련의 목적자체가 동작을 잘해서 남들보다 내가 돋보이기 위한 목적에서 나왔기 때문이다. 사람이라면 노력하는 부분을 인정받고 싶고, 최고가 되고싶은 마음은 당연히 들 수 있다. 하지만 그 마음에서 나오는 행동으로 계속 삶을 살아가다보면 삶의 진정한 가치와 함께 누리는 기쁨을 놓칠 수가 있다.

끊임없이 경쟁하고 나를 멋지게 최고로 보여줘야 인정받는 사회를 살아가면서 마음의 중심을 잡기란 쉽지 않은 것은 사실이다. 하지만 분명 삶을 살아가면서 중요한 가치들이 존재한다. 그 가치들은 타인과 공유되고 융합될 때 더 빛나기도 한다. 타인을 이기며 독보적이고 싶은 마음이 아닌 오히려 같이 그 짐을 짊어지며 금메달을 같이 나누고픈 바르심의 선택처럼 말이다.

여유에서 나오는 좋은 언어

구글코리아 여성임원에서 구글 본사 디렉터까지 승승장구 하던 로이스 김(정김경숙)은 16년동안 구글에서 하루아침에 정리해고를 당하게 된다. 그녀는 이 시기를 기회삼아 그동안 해보고 싶었던 일을 해보기로 결심하게 되는데 그 중 슈퍼마켓 '트레이더 조'에서 마트 직원으로 일했던 에피소드가 인상깊었다. 그녀는 일반 성인키를 뛰어넘는 높이의 딸기박스가 담긴 카트를 옮기다가 중심을 잃고 딸기를 다 쏟았다고 한다. 전 직장에서 머리를 쓰는 컴퓨터 작업을 주로 하다보니 무거운 카트를 옮기는 일은 낯설었기 때문이다. 하필 그날 마트에 들어오는 딸기의 전부에 해당하는 양이였기에 큰 실수에 대해 배상은 얼마나 해야할까 걱정하던 그녀는 뜻밖에 반응을 받는다. 마트 매니저와 동료들이 그녀에게 다가와서 괜찮냐고 먼저 물었고, 하루 판매치의 딸기를 전부 쏟은 것에 대해 걱정하던 그녀에게 매니저는 "딸기는 내일 또 들어오며 오늘 딸기를 사러오는 고객들 또한 내일도 온다"며 위로하였다. 더불어 동료들은 근무 초반에 본인들이 했던 실수들을 공유하면서 그녀의 미안함을 공감해주었다.

잘못을 탓하지 않고 위로해 준 동료들 덕분에 그녀는 더 열심히 일에 집중할 수 있었고, 그 열정으로 마트 근무 후 1년이 지난 시점에서는 마트 매니저가 되었다고 한다.

마트 매니저와 동료처럼 타인의 실수로 인해 나에게 올 타격을 염려하는 것이 아니라 오히려 비난하지 않고 도우려는 여유는 삶에서 남들보다 이기려는 태도가 아닌 함께 즐기고 성장하려는 마음에서 온다. 그 마음 습관들이 모여 좋은 언어를 생산하게 되고 더 나아가 좋은 언어가 좋은 사람을 만들어내고 좋은 사람이 좋은 환경을 만들어낸다.
　모두가 좋은 언어의 환경에서 지낸다면 이상적이겠지만, 현실은 그렇지 못한 경우도 있다. 만약 어려운 환경에 놓여 있다면, 스스로에게 좋은 말을 건네는 노력이 필요하다.
　"나는 잘하고 있고, 앞으로도 잘해낼 것이다."

속도의 유혹을 넘어서기 :
파스치모타나사나

내가 수업하고 있는 요가원에 대략 70대로 보이는 한 여성 회원이 있었다. 그녀는 처음 왔을 때 등이 많이 굽어 있었고, 고관절이 딱딱하게 굳어 있어 양반다리로 앉아 있는 것조차 불편해했다. 약사로 평생을 일하셨던 그녀는 일만 하느라 몸을 돌보지 못했다고 하시며, 이제야 망가진 몸을 위해 시간을 낸다며 수줍게 말을 꺼냈다. 그녀의 용감한 선택에 응원해주고 싶은 마음이 들어, 나는 그녀를 유심히 살펴보았다.

나는 젊거나 장기간 수련한 회원들보다 연세가 있는 분들을 조금 더 신경 쓰는 편이라 그날도 그녀의 매트 주변을 맴돌며 안전하게 자세를 만들어가도록 도와드렸다. 하지만 그녀는 나의 의도와 달리 집중된 관심이 부담스러웠는지, 수업에 본인이 방해가 된 것 같다며 다른 회원들에게 미안함을 표현했다. "요가를 못해서 죄송해요. 잘 봐주세요!"라며 민망한 표정과 함께 가방에서 액상 비타민병을 꺼내 주었다.

    그녀처럼, 남들은 잘하는데 나만 못하는 것 같을 때 괜히 주변에 미안함을 느끼거나 자신의 몸에 대해 스스로 형편없다고 평가하는 회원들이 있다. 결국 이런 부정적인 생각들이 지속될 경우 이내 수업을 포기하기도 한다. 이런 경우를 보면 나는 개인적으로 답답함을 느낀다. 몸과 마음의 회복이 필요해 요가원에 왔고, 수업에 대한 대가를 지불했으니 당당하게 수업을 듣기를 바라기 때문이다. 요가를 잘한다는 기준이 동작을 잘하는 것으로 잘못 인식되어 있어 바로잡아 주고 싶은 마음도 들었다. 하지만 그러한 마음이 오히려 그들에게 부담이 될까 조심스럽기도 했다. 어떻게 하면 요가를 할 때 조금 더 편안한 마음으로 수업을 들을 수 있을까 고민하며, 내가 요가를 처음 시작했을 때의 마음을 되짚어보았다.

파스치모타나사나에서 배운 바른기준

    나 또한 요가를 처음 시작했을 때 상체가 잘 숙여지지 않아 애를 먹었다. 우리 엄마는 집에서 가장 뻣뻣하던 내가 요가를 하는 게 신기하다고 하실 정도로 나는 유연성이 없는 사람이었다. 양 옆에 앉은 아주머니들이 상체를 숙이는데 두 팔을 시원하게 뻗어 얼굴이 정강이까지 닿는 것을 보며, 나도 저렇게 하고 싶은데 몸이 따라주지 않아 답답했던 기억이 난다.

요가에서 '파스치모타나사나(Paschimattanasana)'라는 앉은 전굴 자세가 있다. 몸의 뒤쪽을 뜻하는 파스치마(paschim)와 강하게 뻗는다를 뜻하는 웃타나(uttana)를 결합하여 만든 용어로 몸의 뒤쪽을 강하게 뻗어내는 동작이다. 학창시절, 체력 검사할 때 유연성을 평가하는 검사와 매우 흡사하다. 상체를 앞으로 구부리는 간단한 움직임이지만, 많은 사람들이 허벅지 뒷면 근육인 햄스트링(hamstring)이나 엉덩이 근육이 수축되어 있어 자세를 취하는 데 어려움을 겪는다.

파스치모타나사나를 수행할 때, 등이 과도하게 말린 상태에서는 상체를 깊게 숙여 무리해서 발을 잡기보다, 허리를 세워 몸의 후면이 늘어나는 만큼만 내려가는 것이 좋다. 하지만 나는 요가를 배울 당시 이미 늘어진 등을 더 굽힌 채, 손이 발에 닿기를 무리하게 시도했다. 그러던 중 지도하시는 선생님이 조용히 다가와 "학생, 오늘은 여기까지만 갈게요. 충분히 잘하고 있어요."라며 내 굽은 상체를 펴 주시고 더 이상 앞으로 가지 않도록 해 주셨다. 그 순간, 동작을 완성해야 한다는 압박에서 벗어나 상체를 더 숙이지 않아도 된다는 편안함이 생겼다. 옆에 앉은 아주머니들처럼 전굴 자세를 잘 완성하는 것만이 요가가 아니라, 오늘 내 몸 상태에 맞는 만큼만 해도 요가를 잘하고 있다는 생각이 들었다. 요가를 잘 한다는 것은 동작의 완성이 아니라, 현재 자신의 몸 상태에 맞게 할 수 있는 만큼 수행하는 것이다.

다시 말해, 요가를 잘한다는 것은 단순히 아사나(동작)를 잘 수행한다는 의미가 아니다. 요가를 잘한다는 것은 현재 자신의 몸과 마음 상태를 스스로 확인하면서, 가장 바른 아사나를 향해 천천히 나아가는 것이라그 할 수 있다. 남들처럼 잘하고 싶어서 이미 굽어진 등을 더 굽히며 자세를 만들기보다는, 허리를 세우고 엉덩이가 열리는 만큼 천천히 내려가는 것을 스스로 알고 전진하는 것이 중요하다.

올바른 속도와 방향

더 나아가 중요한 것은 아사나를 수행할 때 바른 체계를 따르는 일이다. 여기서 말하는 '바른 체계'란, 각자의 다양한 관점 속에서 중심을 잡아줄 수 있는 기준점이자 올바른 방향을 의미한다. 이 기준에서 벗어난 차 동작을 수행하다 보면, 원래 의도했던 목적지와는 다른 결과에 도달할 수 있다.

예를 들어, 파스치모타나사나를 할 때 얼굴이 정강이에 닿을 정도로 깊게 숙였다고 해도, 만약 두 무릎이 벌어진 채 자세를 유지하고 있다면, 그것은 더 이상 '파스치모타나사나'가 아니다. 이 두 자세는 스트레칭되는 부위 자체가 다르기 때문이다.

중요한 것은 '얼마나 깊게 내려오느냐'가 아니라, '얼마나 올바르게 내려오고 있는가'이다. 모두가 아사나에 접근하는 순서와 속도는 다를 수 있지만, 지금 자신의 몸 상태에서 가장 자연스럽고 바른 방향으로 자세를 만들어가는 것, 그것이야말로 요가를 잘 수행하고 있다고 말할 수 있는 기준이 되어야 한다.

요가뿐만 아니라, 우리가 배우고 싶고 잘하고자 하는 모든 분야에서 가져야 할 바른 태도 역시 이와 크게 다르지 않다. 때때로 유명 유튜버나 인플루언서처럼 이미 두각을 나타내며 빠르게 성장하는 이들을 보며, 자신도 모르게 조급해지고, 상대적으로 뒤처진 듯한 불안감을 느끼기도 한다.

그러나 그러한 속도의 유혹에 휘둘려 무리하게 남을 따라가기보다는, 지금 내가 걷고 있는 길의 방향이 옳다는 것을 믿고, '나, 김소망'의 속도로 묵묵히 전진해 나가는 것이 더욱 중요하다는 사실을 파스치모타나사나를 통해 겸허히 배운다.

빠른 결과를 얻기 위해 바른 기준을 무시하고 편법으로 나아간다면, 결국 처음 목표했던 방향과는 어긋날 수 있다. 우리 모두 각자의 속도는 다를지언정, 올바른 방향으로 나아가고 있다는 믿음을 가지자. 진정 중요한 것은 '얼마나 빨리 가는가'가 아니라 '끝까지 나아가는 것'이다.

그래, 그럴 수 있지 :
유연한 사고 기르기

　절대 실패하지 않을 것 같은 사람도 예상치 못한 실수로 인해 큰 좌절을 경험하기도 하고, 철저하게 건강을 관리하던 사람조차 하루아침에 원인 모를 병에 걸리기도 한다. 변하지 않을 것처럼 보이던 것들이 변하는 것, 그것이 어쩌면 세상의 자연스러운 이치일지도 모르겠다.

　나 역시 그 이치를 받아들이기 어려웠던 시절이 있었다. 나는 어떤 일이든 열정적으로 임하며 최선을 다하는 사람이었고, '열정적이다'라는 수식어가 붙는 나 자신이 자랑스러웠다. 열정은 내게 좋은 성과를 이끌어냈고, 자존감을 높였으며, 삶에 대한 동기부여로 이어졌다.

　주변에서도 나를 적극적이고 책임감 있는 사람으로 인식했고, 나는 그 기대에 부응하기 위해 더욱 노력했다. 그런 나의 태도는 절대 변하지 않을 것이라 믿었다.

하지만 인생은 언제나 우리의 예측을 뛰어넘는다. '인생은 뜻대로 되지 않는다'는 말은 한때 내가 좋아하지 않던 표현이었지만, 어느 순간 그 의미를 깊이 실감하게 되었다. 몸과 마음이 한계에 부딪혔을 때조차 나는 나약한 모습을 인정하지 않으려 했고, "이런 나약한 모습은 내가 아니야"라는 말로 스스로를 부정하며 버티려 했다.

유연함이 주는 착각

요가 수업의 마지막 단계인 '사바사나'가 끝나고 나면, 수강생들은 각자의 느낌을 전하곤 한다. 그 중 유독 귀에 남는 말들이 있다.

"예전에는 할 수 있었는데, 지금은 안 돼요."

"곧 70대인데, 요가를 그만둬야 할까요?"

"목이 아프니 오늘은 이 동작을 피할게요."

이런 말들 속에는 자신의 현재 상태를 받아들이지 못하는 안타까움이 담겨 있다. 심지어 어떤 회원은 동작이 잘되지 않는 자신을 보며 자괴감을 느낀다고 말하기도 했다. 그 모습을 보며 약해진 나를 인정하지 못했던 과거의 내가 떠올랐다.

나이가 들고, 아픈 경험이 쌓이고, 신체 감각에 더욱 예민해질

수록 우리는 자극과 변화에 소극적으로 반응하게 된다.

"몸을 보호해야 한다"는 말로 스스로를 위로하며 도전을 피하는 태도는 언뜻 유연한 대처로 보일 수 있지만, 실은 두려움에서 비롯된 방어일 뿐이다.

진정한 유연함이란 어려움 앞에서도 두려움에 갇히지 않고, 스스로 한계를 정하지 않는 태도다. 과거에 가능했던 동작이라 해서 지금 할 수 없다는 법은 없다.

칠십대 중반의 수련생 한분이 떠오른다. 요가로 다져진 자신의 몸에 자부심이 넘쳤던 그 분은 언젠가 내게 웃으며 말했다.

"혹시 주변에 나이 때문에 주저하는 사람 있으면, 내 얘기를 꼭 해줘요. 시도도 안하고 포기하지 말라고요."

그 말이 오래도록 기억에 남았다.

사실 요가를 하는 데 있어 나이는 큰 문제가 되지 않는다. 우리가 요가를 수련하는 이유는 고난도의 동작을 완성하기 위함이 아니기 때문이다.

○●
생각의 유연함이 몸의 유연함을 가져온다

요가 수업 중에는 강사가 수련생의 자세를 돕기 위해 직접 몸에 손을 대는 경우가 있다 이를 '핸즈온(Hands-on)'이라고 부르며, 말 그대로 손으로 몸을 조정하는 지도 방식이다.

그런데 어떤 수련생은 손이 닿는 순간 몸을 굳히고, 내 손을 밀어내며 저항한다.

"몸이 어디 불편한가요?"라고 물으면, "너무 아플까 봐요"라는 답이 돌아온다.

하지만 긴장을 풀고 자세를 바로잡아주면, 그제야 몸이 부드럽게 반응하고 동작은 깊어진다. 결국 몸은 열려 있으나, 마음이 닫혀 있으면 몸이 움직이는 변화의 기회를 놓치는 것이다.

반대로 몸이 유연하지 않아도 핸즈온을 깊이 받아들이는 분들도 있다. 동작이 고통스럽고 숨이 가빠 신음마저 터져 나오지만, 그 시간을 피하지 않고 그대로 받아들이며 견뎌낸다. 그들은 결국 자신의 한계를 넘어서는 유연함을 경험하게 된다.

마음이 유연해지면 몸도 유연해진다. 유연한 사고란 나의 한계를 어디까지 허용할 것인가에 대한 선택이다. 그 한계를 정해두지 않고 열어둘 때, 우리는 미처 가보지 못했던 가능성의 영역에 도달하게 되고, 그 과정 속에서 새로운 활력을 얻게 된다.

변화에 대한 새로운 시선

나는 황태국을 참 좋아한다. 하얗고 진한 국물의 깊은 맛은 언제 먹어도 일품이다. 어느 날 '코다리'와 '황태'가 사실 같은 생선이라는 사실을 알고 적지 않게 놀랐던 적이 있다.

명태는 잡힌 시기와 보관 방식, 가공 형태에 따라 이름이 달라진다. 갓 잡히면 생태, 얼리면 동태, 반쯤 말리면 코다리, 완전히 말리면 북어, 얼리고 녹이는 과정을 반복하면 황태가 된다. 명태의 이름만 해도 60가지가 넘는다고 한다.

이처럼 명태가 다양한 이름을 갖듯, 우리도 다양한 모습과 수식어를 지닌다. 내가 어떤 환경에 놓여 있는지, 어느 시점에 있는지에 따라 나의 모습도 달라진다.

반쯤 말려진 코다리가 실수로 바짝 말려 북어가 되었다고 해서 북어가 실패작은 아니다. 오히려 북어는 숙취 해소와 알코올 해독에 특효이며, 그 자체로 가치가 지닌 존재다.

요가를 잘했던 모습도 '나'이고, 잘하지 못하는 모습 또한 '나'이다. 어떤 고정된 나가 존재하는 것이 아니라 그날의 상태와 상황에 따라 드러나는 모습들이 있을 뿐이다. 전완근 힘이 좋아 암밸러스 동작을 잘한 그 순간의 나, 다리근육이 약해서 오늘은 동작이 힘들었던 나인 것이다.

나 또한 "이런 나약한 모습은 내가 아니야"라는 생각하며, 자신이 정해 둔 '정답'에서 벗어난 모습이 보일 때 상실감을 느끼고 그것을 부정하기도 했다. 그러나 그 상실감을 통해 더 성숙해진, 더 유연해진 태도의 나를 발견할 수 있었다.

아사나의 완성도로 존재를 증명하려 하지 않고, 동작 하나하나에 집중하며, 체력, 근력, 인내심과 같은 내면의 변화들을 더 주의깊게 바라보려했다. 어쩌면 지금 나는 이전보다 더 단단하고, 더 깊어진 사람으로 성장하고 있는 중인지도 모른다.

다시 초심으로 돌아가기

요즘은 어떤 요가가 유행하는지, 프리랜서로서 수입을 늘리려면 어떤 자격증이 필요한지에 대한 조언을 자주 듣게 된다. 처음에는 이런 소리에 자연스레 거부감이 들었다.
'그들의 말도 일리가 있겠지만, 나는 나만의 방식이 더 맞아'
그런 생각으로 관심조차 두지 않으려 했다.
하지만 요가 수련을 이어가며 점점 많은 것을 내려놓게 되었다. 이제는 새로운 요가 트렌드나 스타일에 대한 이야기를 들으면, '요즘은 어떤 요가가 인기일까?', '전에 몰랐던 새로운 자세는 어떤 것이 있을까?' 하는 호기심이 생겼다.
요가 동작에 대해 늘 초심자, 즉 '요린이'의 마음으로 임하며 언제나 사고를 열어두려 한다. 오늘의 몸 상태를 조심스럽게 살피며, 매순간 처음 나를 마주하듯 수련에 임한다. 같은 동작도 날마다 다르게 느껴지고, 어제 유연하던 몸이 오늘은 굳어 있음을 발견하면서 내 몸 앞에 겸손해진다.

호불호가 강한 요가, 플라잉 요가

"다른 사람들은 편안해 보이는데, 나만 이렇게 아픈 걸까요?"
"이 정도로 아픈 게 정상인가요?"

플라잉 요가를 막 시작한 수강생들이 수업을 마치고 가장 자주 묻는 질문이다. 어떤 이들은 플라잉 요가가 몸에 좋은 운동인지, 단순히 통증만 주는 운동인지 혼란스러워하기도 한다.

사실 매트 요가에서도 근육이 찢어질 듯한 강한 자극이 느껴질 수 있지만, 해먹을 활용하는 플라잉 요가는 그보다 훨씬 강한 통증을 동반한다.

그래서인지 수업을 마친 후 '운동을 했다'는 상쾌함보다, '고통을 견뎠다'는 인상이 먼저 남는 경우가 많다.

처음 플라잉 요가를 접했을 때, 해먹이 허벅지를 강하게 조이면서 심장이 답답하고 숨이 막히는 듯한 느낌을 받았다. 심지어 수업 중 두통까지 찾아오기도 했고, 땀은 비 오듯 흐르며 해먹은 촉촉히 젖었다.

  수업이 끝난 후에는 몸 곳곳에 멍이 들어 있었고, 이게 과연 제대로 하고 있는 건가 하는 의문이 들 정도였다.

  플라잉 요가는 공중에서 해먹을 활용해 동작을 수행하는 특성상 일반 요가보다 훨씬 역동적인 움직임이 많다. 발레나 필라테스의 동작을 공중에서 시도하다보니, 중력에 저항하며 체중을 지탱할 수 있는 근력이 필수적이다. 이러한 특성 때문에 플라잉 요가는 사람들마다 반응이 극명하게 갈린다. 통증이 있지만 재미있다는 긍정적인 반응도 있는 반면, 너무 아프고 어지러워서 맞지 않는다고 의견도 적지 않다.

○●

플라잉이 주는 고통, 고통이 주는 가벼움

  플라잉 요가가 주는 통증은 분명 강력하다. 그럼에도 꾸준히 플라잉 요가를 찾는 사람들이 있는 반면, 몇 번의 수업만에 포기하는 사람들도 있다. 그 차이는 통증을 어떻게 받아들이느냐에 달려있다.

  오랫동안 앉아 있으면 다리가 붓고 무거워지는 느낌을 받을 때가 있다. 이는 림프액이나 수분이 신체 조직 내에 순환되지 못하고 고이면서 발생하는 '부종' 상태다. 이 부종이 지속되면 혈액 순환이 저하되고, 체지방이 쌓이기 쉬워 체중 증가로도 이어질 수 있다.

플라잉 요가는 이러한 부종을 해소하는 데 효과적하다. 해먹에 몸을 맡기고 몇 가지 동작만 해도, 겨드랑이나 서혜부 주위의 순환이 개선되며 다리 붓기가 빠지고 몸이 한결 가벼워지는 것을 느낄 수 있다.

한 회원은 평소 요가와 헬스만으로는 빠지지 않던 겨드랑이 살이, 플라잉 요가 한 번만에 줄어든 것 같다고 놀라워했다. 이처럼 직접적인 변화가 눈에 띄기 때문에 많은 여성 회원들이 플라잉 요가를 선호한다.

요가에서 느끼는 통증의 의미

어릴 적, 입안에 염증이 생겨 빨간 약을 바를 때면 쓰라린 통증을 참아야 했다. 그 순간은 너무 고통스럽지만, 상처를 낫게 하기위해 어쩔 수 없이 감수할 수밖에 없었다. 그렇게 고통을 견디고 나면, 상처는 점차 나아졌고, 통증은 치유가 시작되었다는 신호처럼 느껴졌다.

플라잉 요가에서 느끼는 통증도 이와 비슷하다. 단순히 불편하고 괴로운 감각이 아니라, 더 건강한 몸 상태로 가기 위한 과정에서 반드시 겪어야 할 '필요한 고통'이다.

이 통증은 외부로부터의 충격이나 질병으로 인한 것이 아니다. 오히려 막혀 있던 신체의 흐름이 열리고, 틀어진 정렬이 제자리를 찾아가면서 발생하는 자연스러운 반응이다. 상해로 인한 통증은 시간이 지날수록 악화될 수 있지만, 요가에서 오는 통증은 시간이 지나면 몸은 더욱 가벼워지고, 이전보다 더 건강한 상태로 변화한다.

플라잉 요가는 마치 몸의 '주리를 트는 듯한' 강한 압박감을 동반한다. 그러나 이 고통이 지나고 나면 찾아오는 개운함과 상쾌함은 이루 말할 수 없다.

문제는 많은 이들이 이 기분 좋은 가벼움을 경험하기도 전에 통증이 두려워 겁을 먹고 포기해버린다는 점이다.

○●
통증을 두려워하지 말기

요가에서 느끼는 통증을 무조건 피하려 한다면, 건강한 몸과 점점 멀어질 수 있다. 통증은 오히려 내 몸이 얼마나 정렬되지 않았는지, 어디가 막혀있는지 알려주는 중요한 신호다.

몸이 건강하지 않을수록 통증은 더 크게 다가오지만, 요가를 꾸준히 할수록 그 통증은 점차 줄어들며 몸은 본래의 자연스러운 상태로 회복되어간다.

  이때 중요한 것은, 통증을 두려워하거나 외면하지 않고, 그것을 통해 내 몸을 더 깊이 이해하고 다듬어가는 태도이다. 플라잉 요가가 주는 자극은 단순한 고통이 아닌, 변화의 계기이며, 건강한 몸을 향해 나아가는 여정에서 반드시 마주쳐야 할 지점이다.

  해먹을 통해 나의 신체 정렬을 바로잡고, 막힌 부위를 천천히 열어간다. 이렇게 바른 몸을 찾아가고, 건강을 회복해 나가는 것이 내가 요가에서 진정으로 추구하는 방향임을 확신하게 된다.

  그리고 이제는 확실히 말할 수 있다. 이 통증을 두려워하지 않고, 기꺼이 받아들일 때, 으리는 더 건강하고 가벼운 자신과 만나게 될 것이라는 사실을.

영광의 상처가 필수일까

 연예계 진출을 꿈꾸며 혹독한 다이어트를 하던 친구가 있었다. 하루에 바나나 하나를 3등분으로 쪼개서 아침, 점심, 저녁으로 나눠 먹곤 했다. 옆에서 지켜보던 나는 안쓰러운 마음에 말했다.
 "좋아하는 일을 오래 하려면 잘 먹으면서 몸매 관리를 해야지, 그러다 건강 나빠진다."
 그러자 친구는 목에 힘주어 답했다.
 "좋아하는 일을 하면서 건강까지 챙기기는 사치야. 이 업계 사람들은 다 이래."
 원하는 바를 이루기 위해서는 건강까지 포기해야 한다는 그녀의 강한 의지가 느껴졌다. 몸에 필요한 영양소를 제대로 채우지 못해 건강이 나빠지더라도, 좋아하는 일을 하기 위해 감수해야 하는 상처, 즉 '영광의 상처'라고 생각한 것일지도 모른다.

이후 시간이 지나고 그녀로부터 안타까운 소식을 들었다. 면역이 떨어져 갑상선에 염증이 생겼고, 치료를 받느라 잠시 일을 그만두었다고 했다. 그리고 마치 큰 깨달음을 얻은 듯 말했다.

"적게 먹어야 목표를 위해 준비를 잘하고 있다고 생각했어. 하지만 잘 먹으면서도 몸매 관리를 할 수 있었는데도 말이야…."

잘하려는 마음에서 오는 '부상'

하타 수련을 할 때, 암뷸런스 자세나 역자세를 연습하다 보면 쿵! 하며 떨어지는 소리가 여기저기서 들리곤 한다. 처음에는 크게 다친 게 아닐까 놀랄 때도 있지만, 난이도 높은 요가 수업에서는 이런 소리가 자연스럽다. 발가락으로 바닥을 내리찍거나 등으로 철푸덕 떨어지기도 하고, 머리를 매트에 세게 박기도 한다.

몸이 충분히 열려 있고, 코어 힘까지 잘 갖춰져 있다면 동작을 연습하다 중심이 흔들려도 큰 부상 없이 안전하게 착지할 수 있다. 그러나 몸을 잘 조절할 수 없는 상태에서 무리하게 동작에 도전하면 부상을 당하거나 심한 몸살을 겪기도 한다.

실제로 요가 강사들 중에서도 고난도 동작을 연습하다가 부상을 당해 물리치료를 받는 경우가 많다. 요가를 가르치는 일을 오랫동안 하기 위해서는 무엇보다 부상을 피하고 몸 상태를 잘 살피는 것이 중요하다.

운동이든, 예술이든, 몸을 쓰는 일에서 다치게 되는 것은 어느 정도 자연스러운 일일지도 모른다. 하지만 부상을 입지 않아도 원하는 자세를 얻을 수 있고, 몸을 잘 사용할 수 있다. 빠르게 성과를 내고자 하거나 너무 완벽하게 해내려는 마음이 들 때 우리는 무리한 행동을 하게 되고, 결국 몸에 무리가 가면서 마음까지 움츠러들게 되는 것이다.

목표와 상처의 의미

요가 동작을 연습하면서 생긴 부상을 마치 '훈장'처럼 여기는 사람도 있다. 어려운 동작을 해낸 사람이 그렇지 못한 사람에게 "팔이 다치고 발목에 부상을 한 번쯤은 겪어봐야 요가를 제대로 경험했다고 할 수 있지"라고 말하는 경우도 있다. 마치 다치는 경험이 있어야 성공한다는 의미로 들려 조금 불편하게 느껴졌다.

'목표를 위해 노력하다 상처가 나는 것'과 '상처가 나야 목표를 이룰 수 있다고 생각하는 것'은 그 의미에서 엄연히 다르다. 전자는 노력의 과정에서 생기는 자연스러운 결과지만, 후자는 상처를 당연하게 여기며 스스로를 정당화하는 것이다.

나 역시 무언가에 열중하며 피곤함을 느낄 때 오히려 뿌듯함을 느꼈다. 몸이 지친다는 것은 성공을 위해 당연히 따라오는 결과라고 여겼기 때문이다 그래서 피곤할 때마다 "아, 그래도 잘 살아내고 있구나"라고 생각하며 건강을 대수롭지 않게 여겼다. 하지만 어느 순간 기대한 만큼의 결과물은 없고, 몸이 나빠지면서 문득 '무엇을 위해 이렇게 달려왔지? 피곤함이 내게 남긴 건 무엇일까?'라고 깊이 생각하게 되었다. 덕분에 지금은 적절히 쉬어주려고 노력한다.

물론 어떤 시험에 합격하거나 프로젝트를 성공적으로 마치는 과정에서 끼니를 거를 만큼 바쁘고, 그로 인해 피곤함이 찾아올 수 있다. 하지만 그 피곤함을 성공의 필수 요소로 여기는 것은 그 인과관계를 잘못 받아들이는 것이다.

영광의 상처를 치료해야 할 때를 아는 것

'영광의 상처'는 꿈을 위해 묵묵히 걸어온 증표로 여겨질 수 있다. 하지만 때로는 이 '영광의 상처'라는 이름으로 자신을 지나치게 학대하고 있는 것은 아닐지 돌아볼 필요가 있다. 위의 예시에 친구가 말했던 것처럼, 원하는 것을 얻기 위해 건강을 해치는 일까지 감수해야 한다고 여기는 것이 정말 맞는지 생각해봐야 한다.

몸과 마음에 상처가 생기면, 그 상처를 자랑으로 여기며 방치하기보다는 잘 돌보고 치료해 더 큰 상처가 되지 않도록 하는 시간이 필요하다.

컨디션이 좋지 않을 때, 그저 드러누워 있기보다는 잠시라도 앉아서 눈을 감고 명상하며 내 몸 구석구석을 살펴본다. 뒷목이 시큰거릴 때면, 목 주변을 천천히 풀어주고, 목에 무리가 갈 수 있는 동작은 당분간 피하며 쉬어 간다.

몸뿐만 아니라 마음의 상처까지도 들여다보며 치유하는 시간을 가진다. 상처를 받은 상황이나 관계가 있을 때, 무작정 버티기보다 잠시 멈춰 서서 그 문제를 다시 살펴본다. 상처를 당연한 것으로 받아들이며 스스로를 몰아세우기보다는, 그 상처를 돌보고 치유할 시간을 갖는다.

나는 내게 스트레스를 주는 상황이 있다면 잠시 멈춰 서서 그 문제를 다시 살펴보는 시간을 꼭 갖고 있다. '큰 깨달음을 얻기 위해 상처는 당연한 거야'라는 생각에 스스로를 몰아세우기보다는, 잠시 멈추고 상처를 치유하는 시간이 더 중요하다는 것을 점점 깨닫고 있다.

가장 아래에 있는 나
인식하기

요가를 시작한 이후로 주변에서 나에게 표정과 눈빛이 많이 달라졌다는 말을 자주 듣는다. 예전에는 날카롭고 차가운 분위기가 강했다면, 지금은 표정도 편안해 보이고 눈빛도 선해졌다고 한다. 심지어 어떤 이는 내 얼굴 뒤에 후광이 보인다고 농담처럼 이야기를 건넬 정도다. 이래저래, 내 안의 변화가 분명히 드러나고 있다는 사실을 다른 사람들을 통해서 그리고 나 스스로도 느낀다.

퇴사 후 동생이 했던 말이 떠오른다.

"언니! 이제야 말하는데 언니 회사다닐 때 주식하라고 설득하던 모습은 정말 돈에 미친 사람 같았어."

그 말이 전혀 틀리지 않았다. 경쟁 사회에서 살아남기 위해 성공과 돈에 집착하며 살았다. 돈을 불리고자 주식 투자를 즐겼고, 세상 물정을 모르는 동생이나 친구들에게 돈에 관한 조언을 아끼지 않았다. 회사에 출근하면 컴퓨터 모니터로 주식 창을 들여다보며 시간을 보냈고, 점차 내 안의 중심은 돈과 성공, 명예로 채워졌다. 그것들은 내가 세상을 바라보는 렌즈이자 스펙트럼이 되었다.

하지만 지금의 나는 요가를 가르친다. 삶에 대한 질문을 던지고 나의 길을 찾는 과정을 거치며, 나의 관심은 돈의 세계에서 몸과 마음의 세계로 옮겨가고 있는 중이다.

○●
좌법: 뿌리를 내리는 자세

요가에서는 몸을 나무에 비유하곤 한다. 뿌리가 깊은 나무가 강풍에도 쉽게 흔들리지 않듯, 우리 몸 또한 '뿌리'가 바닥에 안정적으로 닿아 있어야 중심이 잘 잡히고 흔들림이 적어진다.

요가 동작마다 뿌리 역할을 하는 신체 부위는 달라진다. 서 있는 자세에서는 발바닥이, 앉은 자세에서는 엉덩이가, 역자세에서는 손이나 머리가 뿌리가 된다. 이처럼 바닥과 맞닿는 부위가 견고하게 자리 잡아야만, 몸의 중심축이 바로 서고 동작도 더욱 안정적이다.

나는 요가를 시작할 때 매트 위에 앉는 '좌법(坐法)' 자세를 즐겨 사용한다. 좌법은 신체의 가장 아래에 있는 회음부와 골반을 인식하게 하며, 내면 깊숙한 의지와 욕구를 들여다보는데 도움을 준다.

대표적인 좌법은 다음과 같은 네 가지가 있다.

❶ 수카아사나(sukasana)
흔히 양반다리라고 불리는 자세로, 심신을 안정시키는 데 효과적이며 가장 편안하게 접근할 수 있다.

❷ 비라아사나(virasana)
'영웅자세'로, 무릎을 꿇고 발 사이에 엉덩이를 내려놓는다. 허벅지와 발목의 긴장을 풀어주는 데에 도움을 준다.

❸ 바즈라아사나(bajrasana)
'번개자세'로, 무릎을 꿇어 뒤꿈치 위에 좌골을 올려앉는 자세다. 허벅지와 발 안쪽을 붙이고 앉아, 무릎과 발등을 이완하는 데 효과적이다.

❹ 파드마아사나(padmasana)
'연꽃자세'로, 양 발을 각각 반대쪽 허벅지 위에 깊게 올리는 자세다. 고관절과 발등의 유연성이 충분히 갖춰져야 안정적으로 유지할수 있다.

좌법을 통해 하체의 뿌리가 단단히 자리 잡으면, 상체는 자연스럽게 위로 뻗으며 중심을 세운다. 상체가 앞으로 기울면 회음부에 무게가 쏠려 무거워지고, 뒤로 젖혀지면 엉덩이 근육이 긴장한다. 또한, 좌우 엉덩이의 무게 중심도 점검해 어느 한쪽으로 치우치지 않게 조절한다. 복부에 힘을 주어 골반을 바르게 세우고, 그 위에 상체를 수직으로 세움으로써 올곧은 자세가 완성된다.

척추를 펴는 힘: 좌골 인식하기

"척추를 곧게 펴세요."

요가 수업에서 아마 가장 많이 들을 수 있는 말일 것이다. 척추를 펴는 자세는 겉보기에 단순해 보이지만, 막상 실천해보면 생각보다 어렵다. 척추를 세우는 것은 골반을 수직으로 세우는 것부터 시작한다. 그러나 골반을 수직으로 세우는 동작은 일부 수강생에게 다소 낯설게 느껴지기도 한다. 골반 주변 근육이 뻣뻣하거나, 스스로의 골반 위치를 인식하지 못하는 경우에는 자세 자체에 집중하기도 어렵기 때문이다.

그런 경우, 종종 척추를 펴기 위해 상체를 끌어올리는 '상승 에너지'를 의식하면서도, 실제로는 어깨를 으쓱 올리거나 턱을 드는 방식으로 그 상승 에너지를 표현하려 한다. 그러나 이는 척추를 세우는 본질적인 방식이 아니다. 오히려 등이 여전히 굽은 채, 턱만 들고 있는 것처럼 말이다. 이런 방식은 오히려 등과 어깨의 불필요한 긴장을 유발하고 결과적으로 자세는 흐트러지고 만다.

나는 앉은 자세에서 상체를 펼 때, 먼저 가슴을 열기보다 내 몸에 가장 아래에 있는 뿌리부터 인식하려 한다. 두 눈을 감고 엉덩이를 무겁게 바닥에 내려놓는다. 좌골을 매트 깊숙이 뿌리내리며, 허리와 등을 천천히 세워간다. 그 후에야 가슴과 얼굴을 활짝 열어낸다. 상체만 억지로 끌어올리려 할 때 보다, 하체의 뿌리를 안정시키고 나서 상체를 세우는 편이 훨씬 안정적이다. 자세에 중심이 잡히고, 몸 전체의 균형도 더 자연스럽게 조절된다.

○ ●

마음의 뿌리 인식하기

20대의 나는 중심을 잘 잡고 살아가고 있다고 믿었다. 하지만 시간이 지나며 그 믿음이 희미해졌고, 그 자리에 이전에는 보지 못했던 공허함이 자리하기 시작했다. "진정한 나는 누구인가?", "무엇을 위해 이렇게 열심히 돈을 벌고 모으는가?"라는 질문이 끊임없이 떠올랐다. 삶의 방향에 대한 회의가 들고, 마음이 흔들릴수록 외부 환경에 쉽게 흔들리는 나 자신을 보게 되었다.

"우리는 모두 우리 안에 있는 진정한 존재, 즉 자기 자신을 향해 나아가야 해. 그 밖의 길은 모두 곁길이야."

— 헤르만 헤세, 『데미안』

『데미안』에서 싱클레어는 자신안에 들려오는 내면의 소리에 귀기울이며 '진짜 나'를 찾아가는 여정을 시작한다. 그 여정은 외부의 시선과 기준에 벗어나 스스로를 깊이 들여다 보는 과정이며, 낯설고 고독하지만 결국은 존재의 근원과 만나는 길이다.

요가 수련 중 내가 느꼈던 내면의 질문들과 흔들림 역시 그러했다. 나를 지탱하는 '마음의 뿌리'가 어디에 있는지 찾기 위해 '나는 어떤 사람이고, 무엇을 원하는가'를 묻는 시간이 많아졌다. 고요한 침묵 속에서 들려오는 미세한 내면의 목소리를 통해, 나는 점점 '나답게 살아가는 삶'의 중심을 잡아가고 있다.

요가는 단순히 몸의 정렬만 세워가는 것이 아닌, 마음의 정렬을 세워가는데 도움을 준다. 데미안이 말했듯, 중요한 방향은 '타인의 나'가 아닌 '나의 나'로 향하는 것에 있다. 나는 요가를 통해 세상이 부여한 의미 대신 나 스스로의 중심에서 다시 살아가는 법을 배운다. 가장 아래쪽에 있는 좌골을 인식하듯 나의 가장 깊은 내면의 뿌리를 인식하고, 그 뿌리로부터 단단하게 서는 것이다. 그것이야 말로 흔들림 속에서 안정적이고 균형있게 나를 지켜내는 가장 근원적인 힘이 된다.

동작을 완성한다는 의미

　토익 시험에서 고득점을 받으면 영어를 잘한다고 흔히 착각한다. 하지만 실제로 토익 고득점자가 막상 원어민과 대화를 할 때 원하는 말을 쉽게 하지 못하는 경우가 은근 많다. 즉, 토익에서 만점을 받는 것과 영어를 자유롭게 구사하는 것은 별개의 문제인 것이다. 요가에서도 마찬가지다. 동작을 완성하는 것과 몸을 자유롭게 사용하는 것은 완전히 다르다.

　요가 수업을 하다 보면, 동작의 완성에 집착하는 회원들을 자주 볼 수 있다. 그들은 열정적이고 진지한 태도로 동작을 시도하지만, 가끔 그들의 몸은 그 열정을 따라가지 못하는 경우가 많다. 요가의 진정한 목적은 몸과 마음의 균형을 맞추는 것이기에, 동작을 완성하려는 욕심이 앞서면 오히려 그 균형이 무너지기도 한다. 예를 들어, 가슴이 여전히 굳은 상태에서 난이도 높은 후굴 동작을 시도하는 것처럼, 무리한 목표를 잡고 동작을 실행하면 이는 요가의 본래 취지에서 벗어난 수행이 된다.

요가에서 동작을 '잘한다'는 표현은 사실 적합하지 않을 수 있다. 우리의 몸은 매일 다른 상태에 놓여 있기 때문이다. 어떤 날은 유연하고 편안하게 수련할 수 있지만, 또 다른 날에는 근육이 뻣뻣하고 피곤할 수 있다. 몸과 마음이 수시로 변하기 때문에, 동작의 완성도 역시 매번 달라진다. 그래서 중요한 것은 동작의 완성도가 아니라, 그날의 몸과 마음 상태에 맞는 가장 자연스러운 동작을 찾는 것이다.

그럼에도 동작을 완성해야 하는 이유

그럼에도 불구하고 나는 완성 동작을 경험해볼 것을 권유한다. 완성 동작을 경험하는 것은 단순히 '동작을 잘하는 것'과는 또 다른 의미를 지닌다. 마치 토익 만점이 영어 실력을 완전히 대변하지는 않지만, 그 목표를 향해 노력하는 과정에서 언어를 더 깊이 이해하게 되는 것처럼, 요가에서도 동작을 완성해보는 경험은 내 몸이 어디까지 열릴 수 있는지, 그리고 그 과정에서 어떻게 반응하는지를 체감할 수 있는 기회를 가진다.

완성 동작을 통해 우리는 몸의 가능성을 보다 넓게 바라보게 된다. 한 번 그 동작을 제대로 경험해 보았기 때문에, 그 동작에 이르는 과정을 다시 돌아볼 때 좀 더 명확하게 이해할 수 있다. 상위 동작을 경험해본 사람은 그 동작을 완성하지 않았을 때보다 하위 동작을 더 자연스럽게 이해하고, 수월하게 수행할 수 있다. 예를 들어, '아르다 찬드라사나(Half Moon Pose)'의 경우 한 발로 균형을 잡아야 하기 때문에 골반 정렬, 중심 이동, 하체의 안정성에 대한 감각이 더 섬세하게 요구된다. 이 동작을 충분히 경험한다면, 두발로 단단히 서있는 '트리코나사나(Triangle Pose)'를 수행할 때, 하체의 힘 분배와 상체 회전에 대한 이해가 훨씬 더 명확해진다.

이렇듯 완성 동작을 경험하는 과정은 나의 한계와 그 한계를 넘는 과정을 통해 더 넓은 시야를 열어준다.

한번은 수업시간에 '아르다 받다 파드마 파스치모타나 아사나(Ardha baddha padma paschimottanasana)'를 회원들에게 알려줄 때였다. 이 동작은 한 다리를 앞으로 뻗고, 반대쪽 다리를 접어 뻗은 넓적다리 위에 올린 후 상체를 앞으로 숙이는 자세다. 요가실 중앙에 나란히 앉은 두 회원이 비슷한 각도로 상체를 숙이고 있었는데, 한 명은 요가를 시작한 지 얼마되지 않았고, 다른 한 명은 요가 자격증을 가진 숙련된 회원이었다.

숙련된 회원은 충분히 깊게 상체를 숙일 수 있었지만, 오히려 상체를 세우고 골반을 세우는 것에 집중하고 있었다. 그녀는 최근 기립근이 약해졌다고 느끼며, 몸을 더 깊게 숙이기보다는 골반을 바로 세우는 데 의식을 두고 동작을 조절하고 있었다. 반면, 요가를 시작한 지 얼마 안 된 초급 회원은 단순히 몸이 아직 따라주지 않아 상체를 충분히 숙이지 못한 채 세우고 있는 상태였다.

이 두 사람은 동작을 하는 과정에서 겉으로 보기에 비슷한 자세를 취하고 있었지만, 그 안에는 전혀 다른 맥락이 있었다. 숙련자는 동작을 완성해 가는 과정에서 자신의 몸 상태에 맞게 '선택한' 자세였고, 초급자는 동작을 '완성하려고 애쓰는' 모습이었다.

숙련된 회원은 충분히 깊게 상체를 숙일 수 있었지만, 오히려 상체를 세워 골반을 세우는 것에 집중하고 있었다. 그녀는 기립근이 약해져 있다고 느껴, 상체를 깊게 숙이기보다는 골반 세우는 동작에 더 신경을 쓰고 있었다. 반면, 요가를 시작한 지 얼마 안 된 회원은 단순히 몸이 따라주지 않아 상체를 세우고 있었다. 이 두 사람은 동작을 하는 과정에서 겉으로 보기에 같은 모습을 하고 있었지만, 숙련자는 동작을 완성해 가는 과정 중 하나의 동작을 선택한 모습이었고, 초급자인 회원은 동작의 완성으로 가기 위해 애쓰는 모습이었다는 점에서, 두 사람은 같은 모습이지만, 완전히 다른 차이를 보이고 있었다.

동작을 완성할 수 있었음에도 자신의 몸의 상태에 따라 부족한 부분을 채워 나가기 위해 동작을 실행하는 것과, 앞으로 숙여지지 않는 몸을 애를 쓰며 숙이려 하는 모습은 한 동작을 이미 완성한 사람과 완성한 경험을 하지 못한 사람의 확연한 차이였다.

 같은 자세를 하고 있음에도, 그것이 자신의 몸의 부족한 부분을 보완하기 위한 의식적인 선택인지, 아니면 아직 동작을 따라가기 벅찬 상태인지에 따라 그 깊이는 완전히 달라진다.

동작의 주체성

 요가에서 완성 동작을 경험해야 하는 이유는 몸을 자유자재로 다룰 수 있는 자유를 얻기 위함이다. 수축이 필요할 때는 수축하고, 이완이 필요할 때는 이완할 수 있는 힘. 그것은 곧 어떤 상황에서도 주체적으로 몸을 사용할 수 있는 능력을 의미하며, 바로 그 힘이 우리가 지향하는 주체적인 삶의 기반이 된다. 나는 그것을 '여유'라고 말한다.

 완성 동작을 향해 가는 과정에서 중요한 것은 정확한 접근이다. 예를 들어, 한쪽으로 몸을 기울이는 '우띠타 트리코나아사나(Extended Triangle Pose)'을 수행할 때, 가슴과 엉덩이가 틀어지지 않도록 정렬에 유의하며 상체를 내려야 한다. 옆구리가 충분히 늘어난 이후에야 손을 뻗어 엄지발가락을 잡는 것이 올바른 흐름이다.

 하지만 몸 상태를 고려하지 않은 채 오직 '완성된 모습'을 목표로 무리하게 상체를 기울이면, 옆구리 이완 대신 다른 부위에 긴장을 주게 되고, 본래의 목적과는 다른 방향으로 흐르게 된다.

　이처럼 완성 동작을 경험하는 것은 단순한 성취 그 이상이다. 물론 요가에서 동작을 완성하는 것은 중요한 의미를 지닌다. 그러나 그 완성이 '요가를 잘하는 것'에 집착하는 방식으로 변질되어선 안 된다.

　몸을 주체적으로 사용하려는 태도로 완성을 향해 나아갈 때, 우리는 동작 하나하나를 통해 자신의 몸을 더 깊이 이해하게 되고, 완성의 경험이 쌓일수록 더 넓은 시야와 더 큰 도전을 마주할 수 있는 내면의 힘을 갖게 된다.

　그리고 결국, 요가를 통해 우리는 삶 속에서 만나는 복잡한 문제들을 풀어갈 수 있는 여유와 회복력을 얻게 된다.

요가에 반복이 필요한 이유

 한때 나는 배움을 언제나 새로운 경험 속에 있다고 믿었다. 익숙한 일상보다는 낯선 길을 택했고, 늘 해오던 선택보다는 처음 해보는 것들에 마음이 끌렸다. 새로운 메뉴를 고르고, 처음 만나는 사람들과 어울리는 일이 나를 더 성장시킨다고 생각했다. 낯설지만 신선한 그 순간들이 내 세상을 조금씩 넓혀주고 있다고 확신했었다.

 이런 성향은 요가를 가르칠 때도 자연스럽게 드러났다. 초보 강사였던 나는 기존의 요가 동작만을 반복하기보다는, 새로운 동작을 수업에 추가하는 걸 즐겼다. 회원들에게 매번 새로운 경험을 선사하고, 그로 인해 긍정적인 피드백을 받을 때 큰 보람을 느꼈다. 하지만 그 즐거움은 오래가지 않았다. 어느 순간부터 나는 '늘 새로운 걸 보여줘야 한다'는 보이지 않는 압박감에 스스로를 묶고 있다는 걸 깨달았기 때문이다.

아이러니하게도, 나는 매일 스트레칭을 할 때 거의 같은 동작과 순서로 몸을 푼다. 그런데도 그 시간이 단 한 번도 지루하게 느껴진 적은 없다. 오히려 반복적인 동작 속에서도 매일 다른 자극이 느껴지고, 그날의 몸 상태에 따라 같은 자세조차 전혀 다르게 다가온다. 마음이 편안한 날에는 늘 어렵던 동작도 가볍게 풀리고, 몸이 지친 날엔 익숙한 동작조차 버겁게 느껴진다.

결국 새로움이란 동작 그 자체에서 오는 게 아니라, 그 동작을 받아들이는 내 몸과 마음의 상태에 따라 달라지는 것이 아닐까.

○●
반복 속에서 발견한 새로움

내가 좋아하는 영화 중 하나를 꼽자면, 제인 오스틴의 소설을 원작으로 한 '오만과 편견'이다. 소설도 무척 인상 깊게 읽었지만, 키이라 나이틀리가 주연한 이 영화는 지금까지도 몇 번을 다시 봐도 지루하지 않다.

처음 고등학생 시절에 봤을 때는, 그저 예쁜 여주인공과 잘생긴 남주인공이 나오는 고전적인 러브스토리로만 느껴졌다. 하지만 대학시절, 전공수업에서 배운 영화 기법이나 시대적 배경, 그리고 그 당시 유럽의 결혼 문화 등을 눈여겨보며 다시 보게 되었고, 훨씬 다른 시선으로 영화를 받아들였다. 그리고 시간이 흐르고, 연애 경험과 인생의 굴곡이 쌓이면서는, 등장인물들의 오만과 편견 속에 담긴 미묘한 감정들이 더 깊고 풍부하게 다가왔다.

이 영화 속 대사 중 내가 가장 좋아하는 구절은 다음과 같다.

"편견은 내가 다른 사람을 사랑하지 못하게 하고, 오만은 다른 사람이 나를 사랑하지 못하게 한다."

처음엔 단순히 연애에 대한 말로만 들렸다. 하지만 반복해서 영화를 보다 보니, 이 대사는 단순히 사람 사이의 오해를 넘어서 우리가 사회를 바라보고 삶을 대하는 태도에도 자신의 오만함에 갇히기도 하며 얼마든지 편견에 휘둘리기도 함을 말해준다는 걸 깨달았다.

같은 영화를 보고도 더 많은 것을 느끼고 배운 이유는, 영화가 달라진 것이 아니라 내가 달라졌기 때문이었다. 경험이 쌓이고 내가 성장한 만큼, 같은 장면과 대사도 다르게 다가왔던 것이다.

○●
반복이 주는 진정한 성장

요가도 마찬가지다. 반노적인 동작을 통해 몸의 반응을 관찰하고, 그 안에서 미세한 변화를 감지하는 과정이 진정한 수련이다.

예를 들어, 같은 골반 교정 수업을 이틀 연속 받았다고 하자. 어떤 사람은 "어제 했던 거잖아"라고 하며 이미 알고 있는 동작으로 여길수 있다. 반면 또 다른 사람은 "어제 했던 동작인데 오늘은 다르게 느껴지네?"라고 하며 몸의 변화를 인식한다.

전자는 그저 동작을 반복하는 데 그치지만, 후자는 몸과 마음이 그 동작을 새롭게 받아들이는 과정을 겪고 있는 것이다.

이것이 내가 말하는 진짜 '새로움'이다. 겉으로는 똑 같은 동작일지라도, 우리가 그것을 대하는 태도에 따라 전혀 다른 경험이 된다.

공자가 말한 "아는 것을 안다고 하고, 모르는 것을 모른다고 하는 것, 그것이 진정 앎이다"라는 말도 같은 맥락이 아닐까. 한두 번 경험했다고 해서 모든 것을 다 안다고 착각하는 순간, 우리는 더 이상 배울 수 없다.

똑 같은 상황을 대할 때도, 나는 아직 모른다는 마음으로 바라보면 우리는 매번 새로운 무언가를 발견하게 된다.

반복 속에서 새로움을 발견하다

한 동작을 수없이 반복하면서도, 그날의 내 몸이 어떻게 반응하는지, 어디에서 자극이 오고 어디가 풀리는지를 세밀하게 인식하는 순간, 나는 매일 새로워진다. 같은 자세를 해도 어떤 날은 가볍고 편안하게 느껴지고, 또 어떤 날은 이유없이 버겁다. 이 작은 차이들을 알아차리는 것이야말로 요가가 나에게 가르쳐준 가장 중요한 수련이다.

우리는 종종 '새로운 변화'를 찾아 헤맨다. 반복되는 일상이 지루하게 느껴질 때도 많다. 하지만 요가는 내게 말해준다. 진짜 변화는 매일 찾아오는 것이 아니라, 반복 속에서 스스로 깨닫는 것이라고.

중요한 건 목표에 도달하는 일이 아니라, 지금 이 순간의 자세에서 느껴지는 작은 변화를 알아차리고, 그 변화를 통해 내가 어떻게 성장하고 있는지를 지켜보는 것이다.

어쩌면 요가는 나에게, 몸을 움직이는 행위 너머로 삶의 본질을 이해하는 방식을 가르쳐주고 있는지도 모른다. 매일 반복되는 일상 속에서도, 우리는 언제든지 새로움을 발견할 수 있다. 그 새로움은 결코 멀리 있지 않다. 매 수련의 자세 속에, 바로 지금 이 순간에도 우리 곁에 존재하고 있다.

척추를 깨우는
6가지 방향

실력 있는 무용수의 움직임을 보면 실로 놀랍다. 그들의 머리, 팔, 다리는 원하는 방향대로 자유롭게 뻗어가며 몸통이 중심을 잘 잡아준다. 사지와 몸통을 연결하는 관절들은 매우 부드럽고 단단해 보인다. 이들은 유연하다고 해서 몸에 근육이 없는 것이 아니며, 근육이 많아 뻣뻣한 것도 아니다. 자신이 원하는 대로 근육을 자유자재로 늘리고 강한 힘을 쓸 수 있는 것이다. 건강한 몸을 가지고 있다는 것은 어쩌면 몸을 잘 쓸 수 있다는 것일지도 모른다. 무용수들의 움직임은 이를 잘 보여주며, 그들의 몸은 그야말로 건강해 보인다.

몸을 잘 쓴다는 것은 척추를 잘 움직인다는 의미이기도 하다. 척추는 33개의 척추뼈로 구성된 기다란 구조물로, 우리 몸의 중심을 이루는 기둥 역할을 한다. 척추가 건강할 때 우리 몸의 중심은 잘 서 있지만, 척추가 약해지면 몸의 중심도 틀어지게 된다.

건강한 척추를 유지하려면 굳고 약해진 척추를 깨우고 바로잡는 각성의 시간이 필요하다.

기후전비도휴

하타요가의 핵심은 척추를 바르게 인식하고, 그 움직임을 통해 척추를 깨우는 수련이다. 주로 척추를 여섯 가지 방향으로 움직이며 수련이 이루어지는데, 단일 방향뿐만 아니라 두세 가지 방향을 동시에 사용하는 심화자세로도 확장된다. 이 여섯 가지 움직임은 기울기, 후굴, 전굴, 비틀기, 도약, 휴식이며, 앞 글자를 따서 요가에서는 흔히 '기후전비도휴'라고 부른다. 이는 하타요가 강사들 사이에서 자연스럽게 통용되는 용어다.

이 수련은 척추를 다양한 방향으로 고르게 움직이며, 특정 움직임에 치우치지 않고 균형 있게 몸을 사용하는 데 도움을 준다. '기후전비도휴'는 단순한 움직임이 아닌, 몸의 중심축인 척추를 정돈하고, 몸 전체의 조화와 안정감을 회복하는 데에 핵심적인 수련법이다.

기울기(Sidebending) - 파리브리타 자누시르사아사나(Parivritta Janusirasana)

측굴이라고도 불리는 기울기는 척추를 좌우로 굽히는 동작이다. 고전 하타요가에서 기울기의 기초가 되는 아사나인 '파리브리타 자누시르사아사나'는 한쪽 다리는 접고 반대쪽 다리는 옆으로 뻗은 뒤, 뻗은 다리의 방향으로 상체를 깊게 기울이는 자세다. 기울기가 충분히 이루어지면 양손 모두 두 발을 잡아 동작을 더 깊게 완성하게 된다. 반대 방향도 동일하게 수련한다.

기울기 자세는 옆구리와 골반 주변을 시원하게 스트레칭하며, 허리와 복부를 자극해 소화 기능을 향상시키는 데에 효과적이다. 다리를 열고 몸을 비틀며 한쪽으로 기울이는 복합적인 움직임이기 때문에, 몸이 굳어 있는 경우엔 동작을 만들기 어렵다. 하지만 이 수련을 통해 정렬을 찾아가며 몸에 집중하게 하므로, 자신을 바라보는 의식을 확장하는 데 도움을 준다.

후굴(Backbending) - 우스트라아사나(Ustrasana)

후굴 자세는 상체를 뒤로 젖히며 앞면을 열고, 뒷면을 강화하는 동작이다. 대표적인 후굴 자세인 '우스트라아사나'는 무릎을 꿇고 정강이와 발등을 바닥에 대고 시작한다. 두 손은 천골 위에 놓은 뒤 골반을 앞으로 밀며 날개뼈를 모아 가슴을 열고, 몸통을 길게 뒤로 뻗는다. 이후 천골 위에 있던 손을 한 손씩 발목으로 옮기며 목도 뒤로 길게 늘인다.

현대인들은 장시간 앉아 있는 습관으로 인해 척추를 뒤로 젖히고 가슴을 여는 동작이 어색한 경우가 많다. 골반 앞쪽의 장요근도 짧아져 있다. 후굴 동작은 굳어진 앞면을 열고, 약해진 뒷면을 수축해 척추의 에너지를 깨우는 데 도움을 준다.

○●

전굴(Frontbending) – 파스치모타나사나(Paschimottanasana)

전굴 자세는 상체를 앞으로 숙여 몸의 후면부를 이완하며, 특히 하체의 이완에 탁월하다. 대표 아사나인 '파스치모타나사나'는 두 다리를 앞으로 뻗고 앉은 상태에서 발을 잡아 상체를 숙이는 자세다. 이 동작은 다리의 혈액순환을 도와주고, 하복부를 자극해 소화 기능을 향상시킨다. 하지만 햄스트링과 엉덩이가 충분히 열리지 않은 상태에서 무리하게 상체를 숙이려 하면 등이 말리면서 허리에 부상을 유발할 수 있다. 따라서 척추를 길게 펴는 것을 우선으로 하며 상체를 숙이는 것이 핵심이다.

'파스치모타나사나'와 같은 전굴 자세는 상체와 하체가 깊이 밀착된다. 이때 다리와 얼굴이 맞닿으며 시선이 자연스럽게 아래로 향해 한곳으로 집중된다. 이 과정에서 자신의 호흡 움직임이 잘 느껴지며, 내면에 집중할 수 있게 해준다.

○●
비틀기(Twist) -
아르다 마첸드라아사나(Ardha Matsyendrasana)

비틀기는 척추를 회전시키는 동작으로, 몸통을 꼬아 내부 장기를 자극하고 척추의 유연성을 높여준다. 대표 자세인 '아르다 마첸드라아사나'는 한쪽 다리는 접어 엉덩이 옆에 두고, 반대쪽 다리는 무릎을 세워 접은 다리 바깥쪽에 둔다. 그런 다음, 무릎 반대쪽 팔꿈치를 무릎에 걸고, 다른 손은 몸 뒤 바닥을 짚는다. 마시는 숨에 척추를 길게 세우고, 내쉬는 숨에 몸통을 비틀어준다. 반대 방향도 동일하게 수련한다.

이 자세는 복부를 마사지하듯 자극해 내장의 순환을 돕고, 허리 통증을 완화시키는 데에 효과적이다. 또한 시선과 상체의 방향이 달라지면서, 내면의 유연성과 사고의 전환력을 키워주는 데에도 도움이 된다.

○●
도약(Inversion) -
어깨서기(Salamba Sarvangasana) & 머리서기(Salamba Sirsasana)

도약 자세에는 대표적으로 어깨서기와 머리서기가 있다. 어깨서기는 등을 대고 누운 상태에서 상하체를 들어 올려 어깨로 지탱하는 자세로, 하체를 단단하게 하고, 어깨와 목을 이완시키는 데 효과적이다.

　머리서기는 두 팔꿈치로 삼각형을 만들고 머리를 바닥에 댄 상태에서 깍지를 껴 지지한 뒤, 두 다리를 들어 올려 정수리, 골반, 발이 일직선을 이루게 한다. 팔꿈치로 바닥을 단단히 눌러 머리에 가해지는 부담을 분산시켜 목을 보호한다. 이 자세는 어깨를 강화하고 머리로 가는 혈류를 증가시켜 뇌를 맑게 하고, 불면증 해소에도 효과적이다.

　도약은 힘의 균형이 중요하기에 신체의 중심축을 안정적으로 잡는데 집중이 필요하다. 또한, 가장 위에 있어야 할 신체부위인 머리가 아래에 있고, 가장 아래에 있어야 할 발이 위에 있기에 반대의 시야와 감각을 경험함으로써, 낯선 환경에 대한 여유와 적응력을 기르는 데도 도움이 된다.

휴식(Break) - 사바아사나(Savasana)

　사바아사나는 흔히 송장 자세라고 불리며, 완전한 이완을 위한 휴식의 자세이다. '지금 이 순간, 휴식하라' 라는 의미로 잠시 멈추는 것을 상징하기도 한다. 매트 위에 등을 대고 누워 몸의 긴장을 풀고 편안하게 호흡한다. 수련의 마지막 단계에서 주로 사용된다. 사바아사나는 종종 단순히 쉬는 자세로 여겨져 별도로 수련해야 할 아사나로 인식하지 않기도 하지만, 이 또한 의식적으로 수련해야 하는 중요한 동작이다.

요가 수련을 통해 다양한 척추의 움직임을 경험했다면, 사바아사나에서는 그 움직임의 흔적을 고요히 받아들이고 관찰하는 시간이 된다. 이 순간은 '그저 존재함'에 집중하며, 수련을 통해 쌓였던 감각과 에너지를 차분히 가라앉히며, 진정한 이완과 회복이 이루어지는 시간이라 할 수 있다.

생명력을 키우는 수련

기후전비도휴. 이 척추 움직임들을 꾸준히 수련하다 보면, 내 몸에 대해 훨씬 더 섬세하게 알아차리게 된다.

어떤 방향의 움직임이 더 자연스럽고 편안한지, 반대로 어떤 방향은 유독 뻣뻣하고 낯설게 느껴지는지를 스스로 관찰하게 된다. 처음에는 무심코 따라 했던 동작들이 점차 내 몸의 상태를 비추는 거울처럼 느껴지기 시작한다.

예를 들어, 전굴을 집중적으로 수련하다 보면 어느 순간 후굴 동작이 훨씬 수월하게 느껴질 때가 있다. 이것은 척추의 움직임이 단절된 것이 아닌 유기적으로 연결되어 있기 때문이다. 한 방향의 움직임이 깊어지면, 자연스럽게 다른 방향의 움직임에도 영향이 생긴다.

이처럼 척추를 다양한 방향으로 고르게 움직여 주는 것은 단지 유연성을 기르는 데 그치지 않는다. 척추를 중심으로 한 몸 전체의 균형을 잡아주고, 나아가 신경계, 순환계, 내장기관의 기능에도 긍정적인 영향을 준다.

건강한 척추는 곧 건강한 삶의 중심축이다. 단순히 몸이 잘 움직이는 차원을 넘어서, 척추의 건강은 우리 몸에 생기를 불어넣고, 각종 질병으로부터 멀어지게 해준다. 척추가 안정되면 몸의 중심이 바로 서고, 그로 인해 정신적인 안정감 또한 따라온다.

그 안정감은 우리가 일상에서 더 힘 있게, 더 균형 있게 살아갈 수 있는 바탕이 된다.

결국 요가를 통해 척추를 돌보고 깨어나게 하는 수련은, 단순한 운동을 넘어 삶의 질을 향상시키는 실질적인 기반이 되는 셈이다.

하타 요가 수련은 이러한 척추의 움직임을 정교하게 다루는 데 탁월하다. 각 자세에서 척추를 다양한 방식으로 움직이게 하며, 때로는 강하게, 때로는 섬세하게 자극을 준다. 그렇게 반복되는 수련을 통해 우리는 몸의 안정과 유연함을 동시에 얻고, 마음 역시 그에 따라 점차 단단해진다.

궁극적으로, 척추를 중심으로 한 요가 수련은 우리 내면의 힘을 길러주고, 삶을 보다 의식적으로 살아가게 한다. 매일의 수련을 통해 척추를 깨우는 시간은, 곧 나 자신을 더 깊이 이해하고, 내 안의 생명력을 회복하는 여정이기도 하다.

publisher   instagram

척추를 곧게 세우고

초판 발행 2025년 9월 26일
지은이 김소망
펴낸이 최대석 **펴낸곳** 행복우물 **출판등록** 30˜-2007-14호
등록일 2006년 10월 27일
주소 a1. 서울특별시 종로구 종로1길 50 더케이트윈타워 B동 위워크 2층
     a2. 경기도 가평군 경반안로 115
전화 031-581-0491
전자우편 book@happypress.co.kr
정가 17,800원   **ISBN** 979-11-94192-42-8(03810)